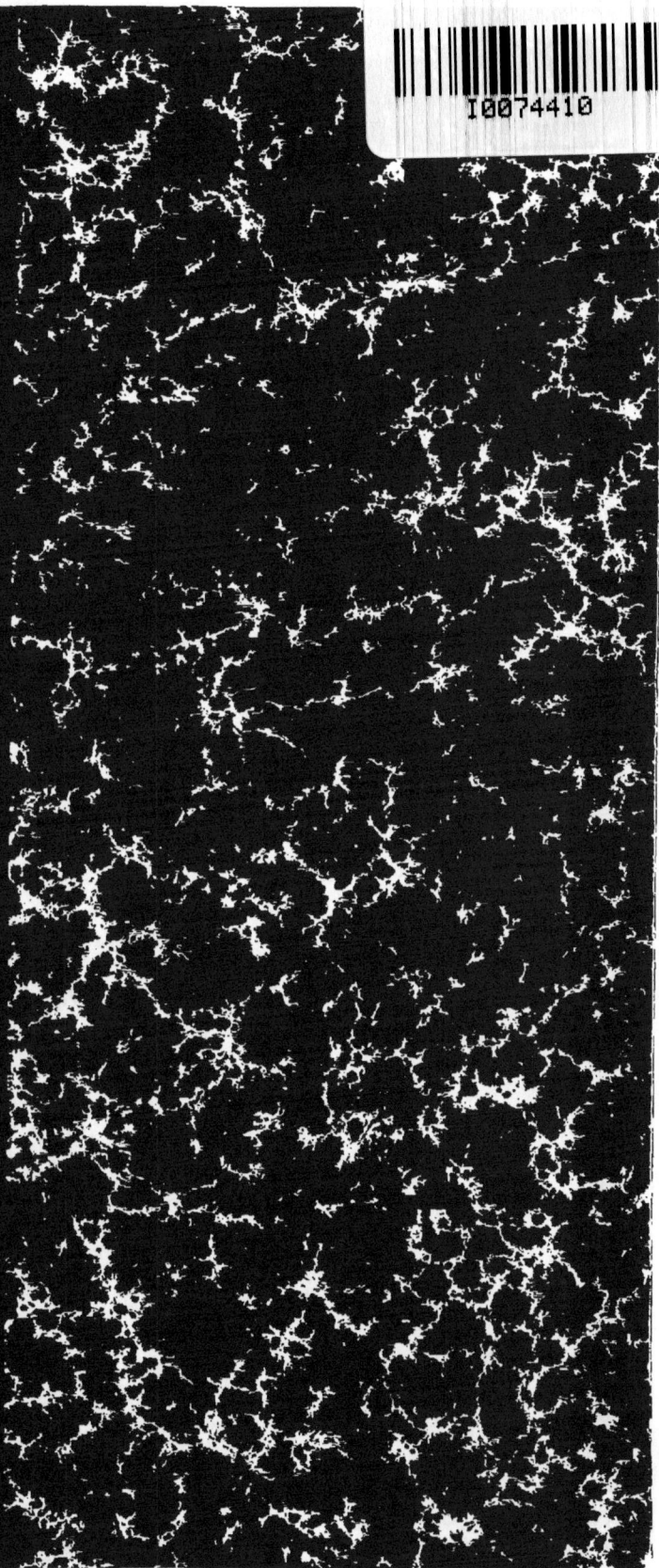

[illegible]

ET DU PA[illegible]

PAR M. J. [illegible]

Auteur du Dictionnaire général et [illegible]
du Traité de la compétence [illegible]
[illegible] du Traité de la Procédure des [illegible]
du Traité du [illegible]
[illegible] des lois des justices de [illegible]
[illegible] des huissiers des [illegible] de [illegible]
et autres ouvrages [illegible]

AVEC LE CONCOURS

DE M. ALEX. [illegible]

Avocat à la Cour impériale de Paris

[illegible] du Code [illegible]

PARIS

AU BUREAU DES ANNALES D[illegible]

RUE [illegible]

ET CHEZ AUGUSTE DURAND, [illegible]

[illegible]

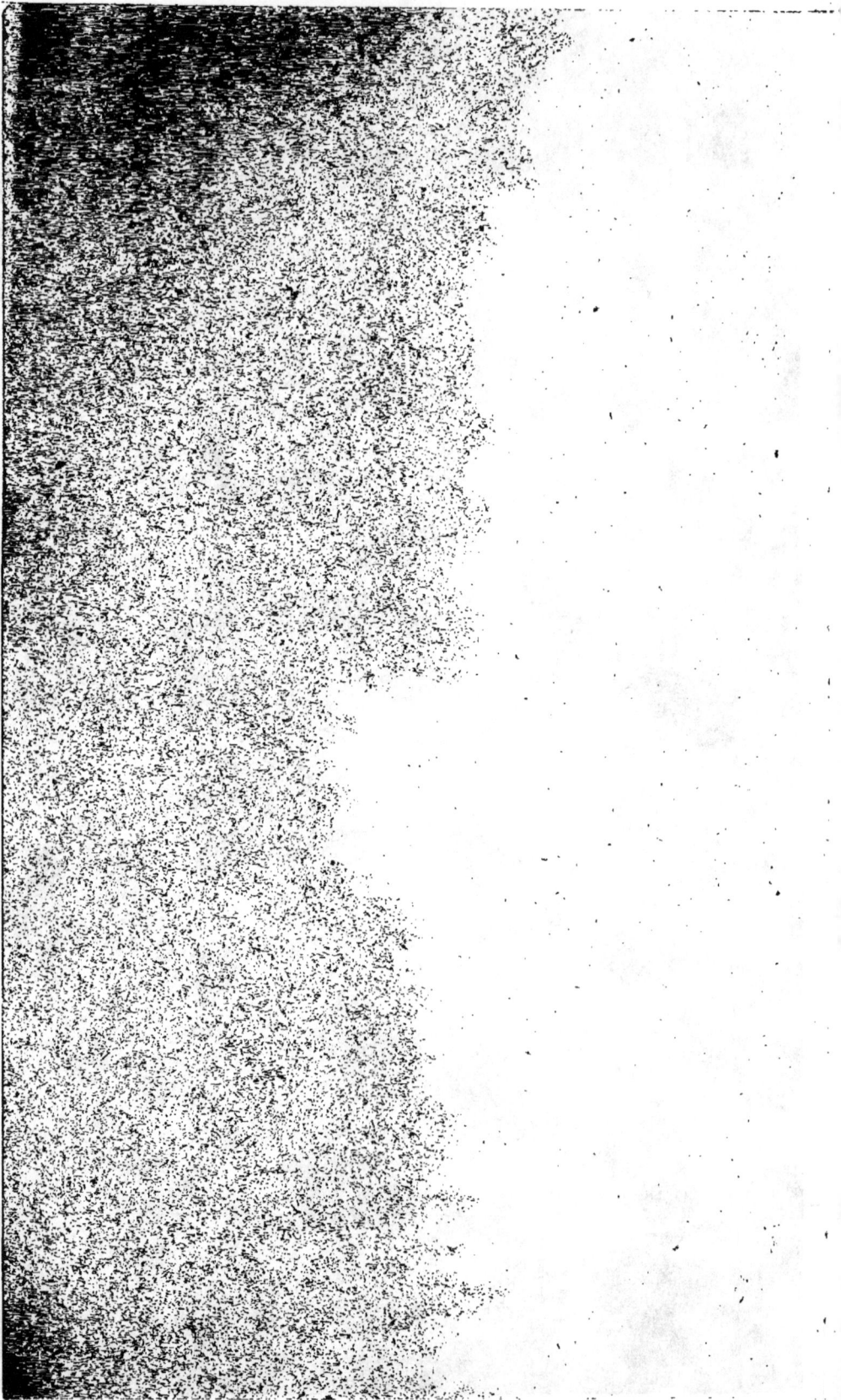

TRAITÉ

DE LA VAINE PATURE

ET DU PARCOURS

Paris. — Typographie HENNUYER et FILS, rue du Boulevard, 7.

TRAITÉ

DE LA

VAINE PATURE

ET DU PARCOURS

PAR M. J.-L. JAY

Auteur du Dictionnaire général et raisonné des justices de paix ;
du Traité de la Compétence judiciaire des juges de paix ,
du Formulaire ou Traité de la Procédure des justices de paix ; du Traité des scellés ;
du Traité du Bornage ;
du Bulletin des lois des justices de paix, annotées et expliquées ;
du Manuel des Greffiers des justices de paix ; du Traité des Conseils de famille,
et autres ouvrages de droit.

AVEC LE CONCOURS

DE M. ALEX. BEAUME

Avocat à la Cour impériale de Paris,
Auteur du *Code général de la Propriété industrielle*.

AU BUREAU DES ANNALES DES JUSTICES DE PAIX,
RUE GUÉNÉGAUD, 27;
ET CHEZ AUGUSTE DURAND, LIBRAIRE-ÉDITEUR,
RUE DES GRÈS, 7.

1863

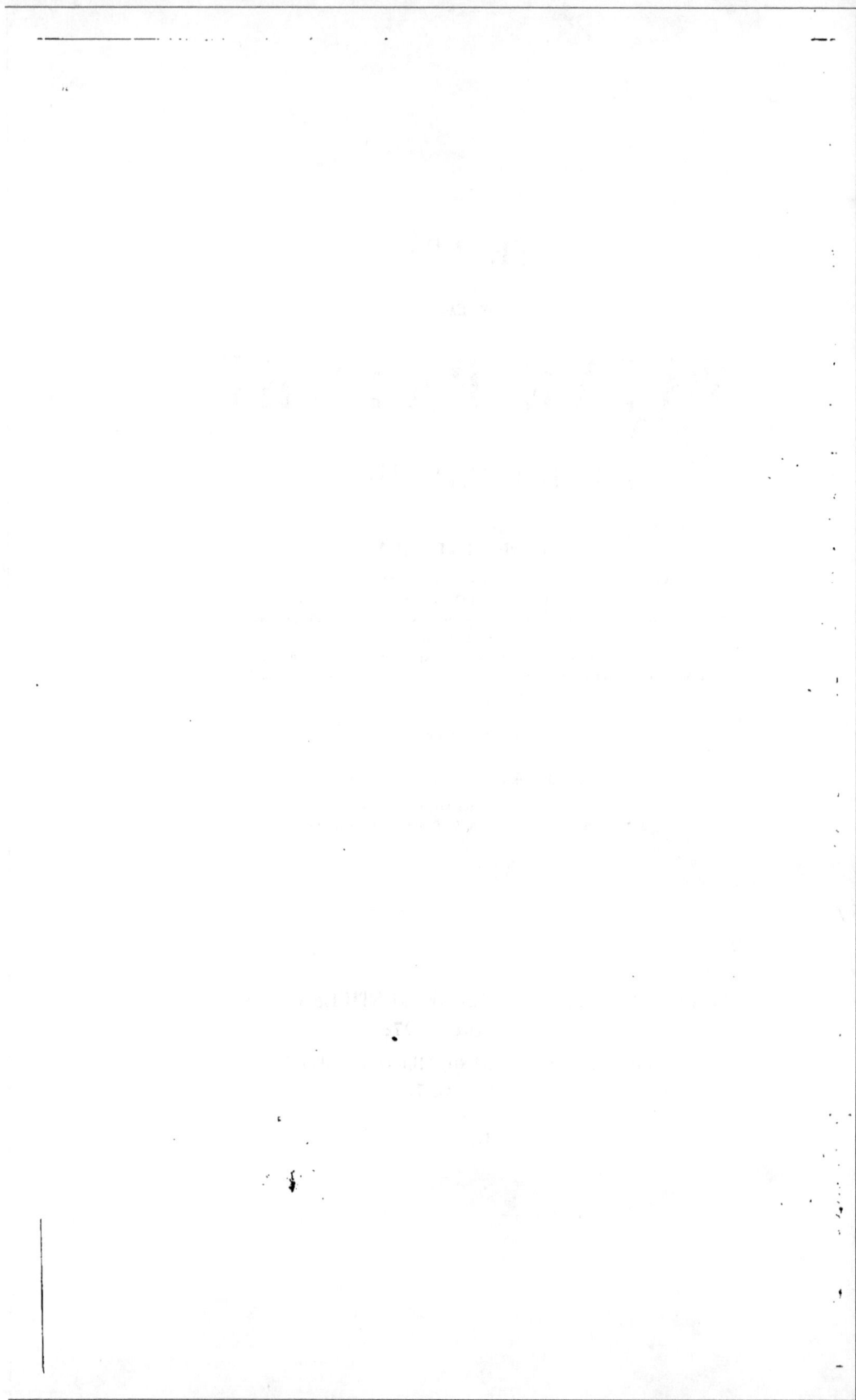

PRÉFACE

—

Le décret des 28 septembre-6 octobre 1791 règle les droits de la vaine pâture et du parcours. Les questions que font naître ces droits sont, sans contredit, très-importantes et les plus difficiles de celles qui se réfèrent au titre des servitudes.

Les nombreuses consultations qui nous ont été demandées sur cette matière nous ont convaincus, par l'étude que nous en avons faite, que les difficultés étaient, en effet, sérieuses ; et bien qu'il soit question, depuis longtemps, d'apporter de profondes modifications, et même de supprimer le droit de la vaine pâture et du parcours, nous n'hésitons pas à publier notre ouvrage, parce

que tant que ces mesures n'auront pas été prises,
l'embarras subsistera. C'est donc pour faciliter
la solution des questions, généralement très-
ardues en cette matière, que nous avons fait
l'examen des règles applicables aux droits du
parcours et de la vaine pâture, et exposé comment s'établissent ces droits ; nous avons fait état
de l'usage ancien, des titres, de la prescription,
et indiqué quels sont les héritages qui y sont
assujettis. Nous avons traité des prairies naturelles et artificielles ; de la réunion entre
communes ; de l'affranchissement des héritages
soumis à la vaine pâture et au parcours ; de
la clôture et de ses effets ; du changement de
culture ; du domicile ; de ceux qui peuvent exercer les droits de parcours et de vaine pâture ;
comment et dans quelles limites s'exercent ces
droits ; de la possession de terres dans la commune ; du cantonnement ; du rachat ; des attributions respectives des maires et des Conseils
municipaux ; de l'action civile résultant de l'atteinte portée au droit de la vaine pâture ; de la

compétence ; et enfin, des contraventions et des délits.

Dans cet ouvrage, nous avons tenu surtout à être concis, précis et exacts. Cependant, sur chaque question principale, nous avons établi les motifs pour ou contre, donné ceux qui nous ont portés à adopter telle ou telle solution, et nous avons toujours exprimé notre opinion personnelle.

Les nombreuses décisions que nous avons rapportées ont été examinées avec le soin le plus scrupuleux. Nous nous sommes efforcés de faire ressortir, en peu de mots, les nuances les plus délicates des faits et de bien faire saisir la saine interprétation de la loi, de la jurisprudence et des règlements administratifs.

Présenter au lecteur comme certain ce qui n'est pas généralement admis, c'eût été l'induire dans une erreur dangereuse. La qualité du jurisconsulte est la prudence, et la science consiste autant à savoir où il y a doute qu'à connaître ce qui est incontesté.

Nous croyons avoir fait ici, comme dans nos précédents ouvrages, une œuvre utile aux nombreux lecteurs qui, depuis plus de vingt-cinq ans, nous honorent d'une confiance à laquelle nous nous sommes toujours appliqués à répondre de notre mieux.

TRAITÉ

DE LA VAINE PATURE

ET DU PARCOURS

CHAPITRE I.

De la vaine pâture et du parcours. — Détails historiques; origine.
— Lois anciennes et nouvelles. — Le droit de vaine pâture et de
parcours est-il utile et doit-il être conservé? — Rapport au Sénat
sur le parcours et la vaine pâture (Extrait du projet de Code
rural).

1. Le droit de *vaine pâture* est d'origine très-
ancienne; il remonte, sinon au temps de la vie
pastorale, du moins aux premiers siècles de la
monarchie française, où l'on ne rencontrait dans
les champs ni bornes ni clôtures, et où les limites
de la propriété étaient si indécises. Il y avait,
d'ailleurs, dans la Gaule beaucoup plus de forêts
que de terres labourables. Mais bientôt les habitants s'agglomérèrent dans les villes et villages, et
la *commune* apparut. Les habitants de ces bour-
gades naissantes, qui avaient à se défendre et

1

contre les bêtes fauves des forêts et contre les dé-
prédations des seigneurs féodaux, eurent naturellement la pensée d'assembler leurs troupeaux et
de les placer sous la garde d'un pâtre commun.
Ils pouvaient ainsi réunir des moyens de défense
plus efficaces et se pourvoir de chiens contre les
animaux des forêts; et les déprédateurs s'atta-
quaient moins effrontément aussi aux troupeaux
de toute la commune qu'à celui d'un simple habitant.

2. Cette recherche de l'origine du droit de
vaine pâture n'est pas indifférente; on y trouve la
raison des opinions qui se sont produites sur la
nature même du droit de vaine pâture. Ainsi,
Proudhon, dans son *Traité des droits d'usage*,
t. VI, p. 510, considère ce droit comme un droit de
communauté : « Le droit de vaine pâture, dit-il,
activement considéré, est un véritable droit de
communauté, puisqu'il appartient à tous les habitants du lieu, comme habitant la commune, et
que, passivement considéré, il est aussi une charge
commune, puisqu'il pèse indistinctement sur les
fonds de tous, après la récolte des fruits ; qu'ainsi,
sous ce double rapport, il est différent d'un droit
de servitude, qui ne serait établi qu'entre particuliers, ou qui ne porterait que sur un fonds déterminé. — La vaine pâture a sa cause dans l'as-

sociation tacite où se trouvent naturellement les habitants d'une commune pour mettre pêle-mêle leurs bestiaux en dépaissance sur les fonds en jachères ou dépouillés de leur récolte ; et comme le parcellaire des propriétés privées est ordinairement tel qu'il serait impossible à chaque habitant de mettre en pâturage par voie séparée, et de garder ses bestiaux sur ses propres fonds, sans que la charge des soins nécessaires à l'accomplissement de cette mesure ne fût d'une valeur bien au-dessus de tout le profit qu'il pourrait tirer du vain parcours lui-même, il en résulte que les habitants se trouvent forcément associés dans la jouissance de cette espèce de produits de leurs fonds, et que la loi, réglant les conditions de cette société qui ressort de la nature des choses, a pu faire de la vaine pâture un droit coutumier, modifié suivant l'exigence des diverses localités. »

3. Cette définition de Proudhon, quoiqu'elle ait été critiquée (voir Dalloz, *Répert.*, au mot *Droit rural*, n° 28), ne manque pas de justesse. Elle a, d'abord, le mérite de concorder avec l'origine du droit de vaine pâture, fondé sur une véritable *communauté* d'intérêts et de défense, peut-être même de propriété. De plus elle se rapporte aux conditions mêmes du droit, puisqu'en faisant clore son héritage, on l'enlève à la vaine pâture,

faculté et résultat qui semblent opposés à la nature même du droit de *servitude*.

4. Cependant le décret du Code rural de 1791 déclare le droit de parcours, sinon le droit de vaine pâture, une servitude. Pour nous, il nous semble que ces droits constituent principalement une communauté d'intérêts. Une servitude, d'ailleurs, ne s'éteint pas au gré du propriétaire du fonds assujetti ; or, par une simple clôture, tout terrain soumis au droit de parcours ou de vaine pâture peut en être affranchi ; nous reviendrons sur cette question.

5. Le mot *vaine*, dans l'expression *vaine pâture*, signifie *de peu de produit*. La vaine pâture, en effet, se compose des produits d'un sol inculte ou dépouillé de récoltes, produits bien faibles et qui sont abandonnés aux bestiaux sans aucun préjudice appréciable pour le propriétaire des héritages sur lesquels elle s'exerce.

6. La vaine pâture et le parcours étaient autrefois régis par les coutumes et par les usages locaux. Le plus grand nombre des coutumes ne reconnaissait dans la vaine pâture qu'un fait, une faculté n'engendrant aucun droit, n'engageant pas l'avenir (Troplong, *Traité des prescriptions*, p. 506). Ce fait était regardé comme utile dans quelques provinces, comme nuisible dans d'au-

tres; avant même la révolution de 1789, des édits
des rois de France, notamment de 1760 et de 1771,
avaient aboli le parcours et la vaine pâture dans
beaucoup de provinces du royaume, sur la demande même de ces provinces.

7. Au reste, toutes les dispositions anciennes
ont disparu devant le décret de l'Assemblée con-
stituante du 28 septembre-6 octobre 1791, dit
Code rural, dont le titre Ier, sect. iv, sert encore
aujourd'hui de règle et de base au droit de parcours et de vaine pâture. Comme dans cette section iv se trouve le droit tout entier sur le parcours et la vaine pâture, nous croyons devoir le
rapporter textuellement ici :

« Art. 1. Tout propriétaire est libre d'avoir
chez lui telle quantité et telle espèce de troupeaux
qu'il croit utiles à l'exploitation de ses terres, et
de les y faire pâturer exclusivement, sauf ce qui
sera réglé ci-après relativement au parcours et à
la vaine pâture.

8. « Art. 2. La servitude réciproque de paroisse à paroisse, connue sous le nom de *parcours,*
et qui entraîne avec elle le droit de vaine pâture,
continuera provisoirement d'avoir lieu avec les
restrictions déterminées à la présente section,
lorsque cette servitude sera fondée sur un titre
ou sur une possession autorisée par les lois et les

coutumes : à tous autres égards, elle est abolie.

9. « ART. 3. Le droit de vaine pâture dans une paroisse, accompagné ou non de la servitude du parcours, ne pourra exister que dans des lieux où il est fondé sur un titre particulier, ou autorisé par la loi ou par un usage local immémorial, et à la charge que la vaine pâture n'y sera exercée que conformément aux règles et usages locaux qui ne contrarieront point les réserves portées dans les articles suivants de la présente section.

10. « ART. 4. Le droit de clore et de déclore ses héritages résulte essentiellement de celui de propriété, et ne peut être contesté à aucun propriétaire. L'Assemblée nationale abroge toutes les lois et coutumes qui peuvent contrarier ce droit.

11. « ART. 5. Le droit de parcours et le droit simple de vaine pâture ne pourront, en aucun cas, empêcher les propriétaires de clore leurs héritages ; et, tout le temps qu'un héritage sera clos de la manière qui sera déterminée par l'article suivant, il ne pourra être assujetti ni à l'un ni à l'autre des droits ci-dessus.

12. « ART. 6. L'héritage sera réputé clos, lorsqu'il sera entouré d'un mur de quatre pieds de hauteur, avec barrière ou porte, ou lorsqu'il sera exactement fermé et entouré de palissades ou de treillages, ou d'une haie vive, ou d'une

haie sèche, faite avec des pieux ou cordelée avc
des branches, ou de toute autre manière de faire
les haies en usage dans chaque localité, ou enfin
d'un fossé de quatre pieds de large au moins à
l'ouverture, et de deux pieds de profondeur.

13. « Art. 7. La clôture affranchira, de même,
du droit de vaine pâture réciproque ou non réciproque entre particuliers, si ce droit n'est pas
fondé sur un titre. Toutes lois et tous usages contraires sont abolis.

14. « Art. 8. Entre particuliers, tout droit de
vaine pâture fondé sur un titre, même dans les
bois, sera rachetable, à dire d'experts, suivant
l'avantage que pourrait en retirer celui qui
avait ce droit, s'il n'était pas réciproque, ou eu
égard au désavantage qu'un des propriétaires aurait à perdre la réciprocité, si elle existait ; le tout
sans préjudice au droit de cantonnement, tant
pour les particuliers que pour les communautés,
confirmé par l'article 8 du décret des 17, 19 et
20 septembre 1780.

15. « Art. 9. Dans aucun cas et dans aucun
temps, le droit de parcours ni celui de vaine pâture ne pourront s'exercer sur les prairies artificielles, et ne pourront avoir lieu sur aucune terre
ensemencée ou couverte de quelques productions
que ce soit qu'après la récolte.

16. « Art. 10. Partout où les prairies naturelles sont sujettes au parcours ou à la vaine pâture, ils n'auront lieu provisoirement que dans le
temps autorisé par les lois et coutumes, et jamais
tant que la première herbe ne sera pas récoltée.

17. « Art. 11. Le droit dont jouit tout propriétaire de clore ses héritages a lieu, même par rapport
aux prairies, dans les paroisses où, sans titre de
propriété et seulement par l'usage, elles deviennent communes à tous les habitants, soit immédiatement après la récolte de la première herbe,
soit dans tout autre temps déterminé.

18. « Art. 12. Dans les pays de parcours ou
de vaine pâture soumis à l'usage du troupeau en
commun, tout propriétaire ou fermier pourra renoncer à cette communauté, et faire garder, par
troupeau séparé, un nombre de têtes de bétail
proportionné à l'étendue des terres qu'il exploitera
dans la paroisse.

19. « Art. 13. La quantité de bétail, proportionnellement à l'étendue du terrain, sera fixée,
dans chaque paroisse, à tant de bêtes par arpent,
d'après les règlements et usages locaux ; et, à défaut de documents positifs à cet égard, il y sera
pourvu par le Conseil général de la commune.

20. « Art. 14. Néanmoins, tout chef de famille
domicilié, qui ne sera ni propriétaire, ni fermier

d'aucun des terrains sujets au parcours ou à la vaine pâture, et le propriétaire ou fermier à qui la modicité de son exploitation n'assurerait pas l'avantage qui va être déterminé, pourront mettre sur lesdits terrains, soit par troupeau séparé, soit en troupeau en commun, jusqu'au nombre de six bêtes à laine et d'une vache avec son veau, sans préjudicier aux droits desdites personnes sur les terres communales, s'il y en a dans la paroisse, et sans entendre rien innover aux lois, coutumes ou usages locaux et de temps immémorial, qui leur accorderaient un plus grand avantage.

21. « ART. 15. Les propriétaires ou fermiers exploitant des terres sur les paroisses sujettes au parcours et à la vaine pâture, et dans lesquelles ils ne seraient pas domiciliés, auront le même droit de mettre dans le troupeau commun, ou de faire garder, par troupeau séparé, une quantité de têtes de bétail proportionnée à l'étendue de leur exploitation, et suivant les dispositions de l'article 13 de la seconde section; mais, dans aucun cas, ces propriétaires ou fermiers ne pourront céder leurs droits à d'autres.

22. « ART. 16. Quand un propriétaire d'un pays de parcours ou de vaine pâture aura clos une partie de sa propriété, le nombre de têtes de bé-

tail qu'il pourra continuer d'envoyer dans le troupeau commun, ou par troupeau séparé, sur les terres particulières des habitants de la communauté, sera restreint proportionnellement et suivant les dispositions de l'article 13 de la présente loi.

23. « ART. 17. La commune dont le droit de parcours sur une paroisse voisine sera restreint par des clôtures faites de la manière déterminée à l'article 6 de cette section, ne pourra prétendre, à cet égard, à aucune espèce d'indemnité, même dans le cas où son droit serait fondé sur un titre ; mais cette communauté aura le droit de renoncer à la faculté réciproque qui résultait de celui de parcours entre elle et la paroisse voisine, ce qui aura également lieu, si le droit de parcours s'exerçait sur la propriété d'un particulier.

24. « ART. 18. Par la nouvelle division du royaume, si quelques sections de paroisses se trouvent réunies à des paroisses soumises à des usages différents des leurs, soit relativement au parcours ou à la vaine pâture, soit relativement au troupeau en commun, la plus petite partie dans la réunion suivra la loi de la plus grande, et les corps administratifs décideront des contestations qui naîtraient à ce sujet. Cependant, si une propriété n'était pas enclavée dans les autres, et qu'elle ne

gênât point le droit provisoire ou de vaine pâture auquel elle n'était pas soumise, elle serait exceptée de cette règle.

25. « Art. 19. Aussitôt qu'un propriétaire aura un troupeau malade, il sera tenu d'en faire la déclaration à la municipalité ; elle assignera sur le terrain du parcours ou de la vaine pâture, si l'un ou l'autre existe dans la paroisse, un espace où le troupeau malade pourra pâturer exclusivement, et le chemin qu'il devra suivre pour se rendre au pâturage. Si ce n'est point un pays de parcours ou de vaine pâture, le propriétaire sera tenu de ne point sortir de ses héritages son troupeau malade. »

26. En dehors de ces dispositions du décret, Code rural de 1791, sur le parcours et la vaine pâture, quelques autres sont encore à citer.

Ainsi, l'on a vu, par les articles mêmes du décret de 1791, combien le droit de se clore et la clôture influent sur le droit de vaine pâture. Or, le Code Napoléon donne, comme ce décret, à tout propriétaire le droit de se clore ; les articles 647 et 648 de ce Code sont ainsi conçus : Article 647. « Tout propriétaire peut clore son héritage, sauf « l'exception portée en l'article 682 (exception « d'enclave, c'est-à-dire lorsque le fonds du pro- « priétaire voisin est enclavé) ; »

Article 648. « Le propriétaire qui veut se clore
« perd son droit au parcours et à la vaine pâ-
« ture, en proportion du terrain qu'il y sous-
« trait. »

27. Quelques dispositions du Code pénal peuvent aussi s'appliquer au parcours et à la vaine
pâture : ce sont celles édictées par l'article 471,
n° 15, sur les contraventions aux règlements de
l'autorité administrative, lorsque des règlements
municipaux règlent le droit de vaine pâture, et
par l'article 479, n° 10, disposition introduite
dans le Code pénal en 1833, reproduisant en
termes quelque peu différents l'article 24 du titre
deuxième du décret de 1791, et ainsi conçue :
« Seront punis d'une amende de 11 à 15 francs
« inclusivement... 10° Ceux qui mèneront sur le
« terrain d'autrui des bestiaux, de quelque na-
« ture qu'ils soient, et notamment dans les prai-
« ries artificielles, dans les vignes, oseraies, dans
« les plans de câpriers, dans ceux d'oliviers, de
« mûriers, de grenadiers, d'orangers et d'arbres
« du même genre dans tous les plants ou pépi-
« nières d'arbres fruitiers ou autres, faits de main
« d'homme. »

28. La loi du 18-22 juillet 1837 sur l'administration municipale porte, art. 19 : « Les
Conseils municipaux délibèrent sur les ob-

jets suivants :... 8° le parcours et la vaine pâture. »

29. Enfin, une loi du 22 juin 1854 a aboli,
dans le département de la Corse, la servitude de
parcours et le droit de vaine pâture ; mais cette
loi, comme nous le verrons plus loin, n'atteint
pas le pacage des communes sur les biens communaux.

30. Le droit de parcours et de vaine pâture
s'exerce, en effet, sur les biens communaux aussi
bien que sur tous autres, lorsqu'ils sont dépouillés
de culture, et particulièrement sur les marais et
les terres incultes appartenant aux communes ;
et, à cet égard, nous devons mentionner ici la loi
du 28 juillet 1860 sur la mise en valeur de ces
marais et terres incultes. Cette loi porte : Art. 1er.
« Seront desséchés, assainis, rendus propres à la
« culture ou plantés en bois, les marais et les
« terres incultes appartenant aux communes ou
« sections de communes, dont la mise en valeur
« aura été reconnue utile. »

Les articles suivants règlent les formalités à
remplir pour amener les communes au desséche-
ment de leurs marais et au défrichement des
terres incultes, et pour, au besoin, les y con-
traindre.

Voici le texte de ces articles.

ART. 1er... Le texte est rapporté ci-dessus, n° 30.

ART. 2. Lorsque le préfet estime qu'il y a lieu d'appliquer aux marais ou aux terres incultes d'une commune les dispositions de l'article 1er, il invite le Conseil municipal à délibérer : 1° sur la partie des biens à laisser à l'état de jouissance commune ; 2° sur le mode de mise en valeur du surplus ; 3° sur la question de savoir si la commune entend pourvoir par elle-même à cette mise en valeur.

S'il s'agit de biens appartenant à une section de commune, une Commission syndicale, nommée conformément à l'article 3 de la loi du 18 juillet 1837, est préalablement consultée.

ART. 3. En cas de refus ou d'abstention, par le Conseil municipal, comme en cas d'inexécution de la délibération par lui prise, un décret impérial rendu en Conseil d'Etat, après avis du Conseil général, déclare l'utilité des travaux et en règle le mode d'exécution. Ce décret est précédé d'une enquête et d'une délibération du Conseil municipal prise avec l'adjonction des plus imposés.

ART. 4. Les travaux sont exécutés aux frais de la commune ou des sections propriétaires.

Si les sommes nécessaires à ces dépenses ne

sont pas fournies par les communes, elles sont
avancées par l'Etat, qui se rembourse de ses avances, en principal et intérêts, au moyen de la vente
publique d'une partie des terrains améliorés,
opérée par lots, s'il y a lieu.

Art. 5. Les communes peuvent s'exonérer de
toute répétition de la part de l'Etat, en faisant
l'abandon de la moitié des terrains mis en valeur.

Cet abandon est fait, sous peine de déchéance,
dans l'année qui suit l'achèvement des travaux.

Dans le cas d'abandon, l'Etat vend les terrains
à lui délaissés, dans la forme déterminée par
l'article précédent.

Art. 6. Le découvert provenant des avances
faites par l'Etat pour l'exécution des travaux prescrits par la présente loi ne pourra dépasser en
principal la somme de dix millions (10,000,000 fr.).

Art. 7. Dans les cas prévus par l'article 3 ci-
dessus, le décret peut ordonner que les marais ou
autres terrains communaux soient affermés.

Cette location sera faite aux enchères, à la
charge par l'adjudicataire d'opérer la mise en valeur des marais ou terrains affermés.

La durée du bail ne peut excéder vingt-sept ans.

34. L'utilité du parcours et de la vaine pâture
a souvent été mise en question. Nous avons vu
plus haut que d'anciens édits les avaient suppri-

més dans beaucoup de provinces et sur la demande
même de ces provinces. Ils étaient, en effet, surtout lorsque le droit de clore n'existait pas, un
obstacle à l'extension de la culture et à l'amélioration du sol. Aujourd'hui que tout propriétaire
peut se clore et enlever, par la clôture, sa propriété à l'exercice du droit de vaine pâture, les
inconvénients peuvent être considérés comme
n'étant plus les mêmes. Quoi qu'il en soit, lorsqu'un projet de Code rural a été élaboré, en 1854,
plusieurs Commissions consultatives des départements, appelées à donner leur avis, et particulièrement la Commission consultative de Douai,
ont présenté des observations très-graves contre
la suppression absolue du droit de vaine pâture.
Suivant la Commission de Douai, cette suppression
absolue serait, surtout dans le nord de la France,
beaucoup plus nuisible qu'utile à l'agriculture.
« Dans les contrées où, comme la nôtre, dit-elle,
les propriétés sont très-divisées, si la vaine pâture
est absolument interdite, il faudra interdire aux
troupeaux de chaque propriétaire ou fermier l'accès même de ses terres après chaque récolte, et de
ses prairies artificielles après les différentes coupes ; ou bien il faudra des surveillants pour empêcher que ces bestiaux, en traversant les champs
d'autrui, n'en mangent l'herbe. Dans l'un et

l'autre cas, il deviendra impossible d'élever, surtout des moutons, que la vaine pâture nourrit à
peu près trois mois de l'année. En peu de temps,
le nombre de ces animaux serait de beaucoup diminué, le prix des laines augmenté de moitié, et
la terre serait privée de l'un des meilleurs engrais.
La Commission pense donc que la vaine pâture
doit être permise sur les chemins et autres terres
incultes pour tous les bestiaux ; sur les jachères
et autres terres annuellement cultivées, pour les
vaches et les moutons seulement, et vingt-quatre
heures après l'enlèvement total de chaque récolte.
Aucun de ceux à qui ce droit serait accordé ne
pourrait le céder ; mais, dans aucun temps, la
vaine pâture ne pourrait être permise sur les
terrains clos, sur les terrains ensemencés ou plantés, et sur les prairies naturelles et artificielles.
Avec ces restrictions également nécessaires, cet
usage pourrait devenir aussi utile que la suppression absolue serait dangereuse. »

32. Dans un rapport fait au Sénat, sur le projet de Code rural lui-même, en 1856 (voir *Moni-
teur* du 20 août 1856), se trouvent des considérations fort importantes sur le parcours et la
vaine pâture. Comme ce rapport s'explique sur
ce que le maintien des deux droits peut avoir
d'utile ou de nuisible, comme il peut faire pres-

sentir d'ailleurs le système qui sera suivi, nous croyons devoir rapporter en entier ici le chapitre qui y est consacré :

« La question la plus importante, la plus difficile de celles qui se réfèrent au titre des servitudes, dit le rapporteur, est la question du parcours et de la vaine pâture.

33. « Le parcours est le droit qu'ont les habitants d'une commune de conduire leurs troupeaux sur le territoire d'une commune étrangère, dans les champs ou communaux ou privés qui sont en état de vaine pâture. Depuis la promulgation de la loi du 28 septembre 1791, cette servitude n'existe plus que dans les cas où elle repose soit sur un titre, soit sur une possession autorisée par les lois ou les coutumes.

34. « L'abolition du parcours à la charge d'indemnité, lorsque cette servitude est établie à titre onéreux, ne rencontrerait pas de sérieuses difficultés; la loi de 1791 ne l'a maintenu que provisoirement et avec des restrictions qui, dans un grand nombre de communes, ont déterminé les habitants eux-mêmes à y renoncer spontanément.

35. « La vaine pâture a des racines plus profondes dans les habitudes et les besoins des populations rurales. Les départements ne sont pas

unanimes pour en solliciter la suppression. Il faut
donc en étudier avec soin les inconvénients et les
avantages.

36. « Et d'abord, il est essentiel de ne pas confondre la vaine pâture avec le droit de pâturage.

« D'après la loi du 28 septembre 1791, le droit
de vaine pâture s'exerçait même dans les bois; il
était toujours rachetable. Le Code forestier
(art. 64) ne reconnait plus que le droit de pâturage, droit qui ne peut être racheté lorsqu'il est
absolument nécessaire aux habitants d'une ou
plusieurs communes.

37. « S'agit-il de la dépaissance des propriétés
communales ou des chemins communaux, ce
n'est pas la vaine pâture; car lorsque les habitants
envoient leurs troupeaux dans un champ ou un
chemin communal, ils font acte de propriétaire,
tandis que la vaine pâture est une servitude et ne
peut dès lors être établie que sur le terrain d'autrui.

38. « Qu'est-ce donc que la vaine pâture? Le
droit que les habitants d'une commune ont de
conduire leurs troupeaux sur les champs non
clos des particuliers, après que les récoltes ont
été enlevées, ou sur les prairies naturelles, après
que la première herbe a été fauchée ou con-
sommée.

39. « Les prairies artificielles ne sont pas assujetties à cette servitude.

40. « Chaque habitant ne peut prendre part à
la vaine pâture que pour un nombre de bestiaux
proportionnel à l'étendue des terres qu'il abandonne à la dépaissance commune. Néanmoins,
tout chef de famille non propriétaire peut y envoyer une vache et six bêtes à laine.

« Telles sont les règles prescrites par la loi du
28 septembre 1791. Partout où elles ne sont pas
observées, il y a abus, et le devoir de l'autorité
est d'y mettre fin.

41. « Ainsi l'abolition de la vaine pâture n'ap-
porterait aucun changement au mode de jouissance des biens communaux et ne s'appliquerait
pas aux bois domaniaux ou particuliers. Elle ne
formerait point non plus obstacle à la convention
que feraient entre eux plusieurs propriétaires de
laisser paître leurs troupeaux sur leurs propriétés
respectives. Elle enlèverait, il est vrai, au pauvre,
à celui qui n'est ni propriétaire ni fermier, la
faculté que lui concède la loi de 1791 de nourrir
pendant quelques mois, dans les champs, une
vache et six moutons; mais cette faculté, est-ce
un bien pour celui-là même qui l'exerce? Elle ne
lui offre qu'une ressource temporaire, insuffi-
sante ; elle l'oblige, pendant toutes les saisons où

la vaine pâture est interdite, à entretenir ses quelques têtes de bétail aux dépens d'autrui. Elle
l'excite donc au maraudage. Que la vaine pâture
cesse, il prendra une terre à ferme ; il accroîtra
et améliorera ses troupeaux ; il les gardera à l'é-
table ; il engraissera le champ qu'il aura pris à
bail ; il contractera des habitudes de travail et ne
traînera plus une existence nomade et misérable.

42. « Quant aux propriétaires, il est évident
que cette servitude leur est plus nuisible qu'avan-
tageuse. C'est un obstacle à la liberté des assole-
ments, à la suppression des jachères, au dévelop-
pement des prairies artificielles, aux plantations.
Elle empêche, dans les prairies naturelles, d'uti-
liser les regains, même dans les années où la sé-
cheresse rend presque nulle la coupe du foin. Elle
perd, en la foulant aux pieds, plus d'herbe qu'il
n'en faudrait pour entretenir le même troupeau
dans la ferme pendant une partie de l'année. Elle
diminue les fumiers, conséquemment la fertilité
du sol. C'est aussi l'une des principales causes
des épizooties ; un seul animal atteint d'une maladie contagieuse la communique à tous les troupeaux de la commune. La vaine pâture pervertit
les populations des campagnes, les accoutume à
la fainéantise, au vol, déprave leurs mœurs par
le mélange de ces jeunes bergers des deux sexes

abandonnés à eux-mêmes, loin des chefs de famille, que retiennent ailleurs les occupations des
labours ou des récoltes.

43. « Le parcours et la vaine pâture ont pris
naissance et se sont établis dans toute l'Europe à
l'époque où la plus grande partie du sol était en
friche. Les nations qui nous avoisinent ont eu la
sagesse de s'en affranchir aussitôt que la culture
s'est étendue. Nous citerons l'Angleterre, la Bel-
gique, la Prusse, la Hollande, c'est-à-dire les
contrées où l'élève des bestiaux et les progrès de
l'agriculture ont acquis les plus rapides et les plus
vastes développements.

44. « En France même, dans plusieurs provinces, en Lorraine, en Bourgogne, en Champagne, en Flandre, dans le Roussillon, dans le
Béarn, de nombreux édits avaient, longtemps
avant la Révolution, restreint l'exercice de ces
deux servitudes, ou libéré définitivement la propriété. Le projet de 1808, celui de M. de Vern-
heil, en prononçaient l'abolition, qui fut également proposée par la Commission de 1834.

45. « Le Corps législatif, dans sa session de
1854, en votant une loi spéciale pour la cessation
du parcours et de la vaine pâture en Corse, a
exprimé, par l'organe du rapporteur, dans les
termes les plus énergiques, le vœu que la même

mesure soit appliquée à toute la France. Une pé-
tition ayant le même objet a été renvoyée l'année
dernière, par le vote unanime du Sénat, au mi-
nistre de l'agriculture. Sur quatre-vingt-six départements, il n'y en a que onze qui aient élevé
quelques objections contre la suppression immédiate de ces funestes usages : voilà ce qui résulte d'une sorte d'enquête à laquelle procéda en
1836 une Commission de la Chambre des députés.

46. « En cet état de choses, la France pourrait-
elle différer plus longtemps à suivre la voie de
liberté et de progrès tracée par les autres nations,
qui en recueillent de si grands avantages? Il est
à remarquer que partout où la vaine pâture a
été abolie, nul n'en a jamais réclamé le rétablis-
sement.

47. « D'ailleurs, il est facile de ménager tous
les intérêts. La loi qui prononcerait la suppression
de ces deux servitudes ne recevrait pas une exécution immédiate. En Corse, où elle a été ac-
cueillie avec une vive reconnaissance et où elle
n'a rencontré aucune opposition, cette loi n'a été
mise en vigueur qu'un an après avoir été pro-
mulguée. Elle porte que ce délai peut être indé-
finiment prorogé de trois en trois ans, par arrêté
du préfet, rendu en Conseil de préfecture, dans
les communes où les conseils municipaux le de-

mandent. Si cette loi est rendue générale, les départements qui, depuis un si grand nombre
d'années, sollicitent l'affranchissement de la propriété, jouiront enfin de ce bienfait. Les localités
qui préfèrent l'état actuel des choses le conserve-
ront jusqu'à ce que les habitants, appelés à se
prononcer de trois en trois ans par leurs organes
légaux, reconnaissent eux-mêmes les avantages
de la législation générale. Ce sera une immense
amélioration qui hâtera le moment où la France,
qui ne craint pas de rivaux dans les beaux-arts et
l'industrie, n'aura plus à gémir de son infériorité
en agriculture. »

CHAPITRE II.

48. Ainsi qu'on l'a vu par les textes ci-
dessus cités, la vaine pâture est le droit qui appartient à tous les habitants d'une commune ou
d'une section de commune d'envoyer leurs bestiaux sur les fonds non clos des uns et des autres, lorsque ces fonds sont en jachères, ou
après qu'ils ont été dépouillés de leurs fruits,
comme encore lorsque ces fonds ne consistent
qu'en friches qui, par rapport à l'infertilité du
sol, sont abandonnées sans culture de la part des
propriétaires.

49. Le droit de parcours est la même faculté
accordée réciproquement à deux ou plusieurs
communes les unes sur les terres des autres. Ce
droit n'existe qu'à la condition d'être réciproque.

50. Nous l'avons dit aussi plus haut, les droits de vaine pâture sont définis et réglés aujourd'hui par la section IV du titre Ier de la loi des 28 septembre-6 octobre 1791.

51. Quant au droit de parcours, l'article 2 de cette section porte :

« La servitude réciproque de paroisse à pa-
« roisse, connue sous le nom de *parcours,* et qui
« entraîne avec elle le droit de vaine pâture, con-
« tinuera *provisoirement* d'avoir lieu avec les
« restrictions déterminées à la présente section,
« lorsque cette servitude sera fondée sur un titre
« ou sur une possession autorisée par les lois et
« les coutumes. A tous autres égards, elle est
« abolie. »

Ainsi le décret de 1791 n'accorde au droit de parcours qu'une existence *provisoire ;* il semble qu'il en ait eu, par conséquent, l'abolition en vue. Cependant aucune disposition nouvelle n'est venue, depuis, changer le droit sur ce point ; et l'article 648 du Code Napoléon mentionne le droit de parcours en même temps que celui de vaine pâture, en ces termes : « Le propriétaire qui veut
« se clore perd droit au parcours et à la vaine
« pâture, en proportion du terrain qu'il y sous-
« trait. »

52. Deux autres conditions sont exigées pour

la conservation, le maintien ou l'existence du droit de parcours, à savoir : 1° que cette servitude soit fondée sur un titre ou sur une possession autorisée par les lois et les coutumes; 2° qu'elle soit réciproque. En outre, l'exercice du droit de parcours est subordonné aux restrictions formulées par le décret de 1791 lui-même et qui sont principalement la faculté de se clore et la clôture effective des héritages et le cantonnement.

53. C'est l'article 3 du même décret qui règle le droit de vaine pâture. D'après cet article, « le « droit de vaine pâture dans une paroisse, accom- « pagné ou non de la servitude du parcours, ne « pourra exister que dans les lieux où il est fondé « sur un titre particulier, ou autorisé par la loi « ou par un usage local immémorial, et à la « charge que la vaine pâture n'y sera exercée que « conformément aux règles et usages locaux qui « ne contrarieront point les réserves portées dans « les articles suivants de la présente section. »

54. Il est à remarquer que le décret n'applique la qualification de *servitude* qu'au droit de par- cours; la vaine pâture n'est qualifiée par lui que de *droit* de vaine pâture; nous serions porté à croire, quant à nous, que ni le droit de parcours, ni le droit de vaine pâture ne sont de pures ser- vitudes. Il n'y a réellement de servitude que là

où existe un héritage dominant et un héritage servant : or, dans le droit de vaine pâture, aucun héritage n'est chargé plus que l'autre. Ce droit est donc, ainsi que nous l'avons déjà défini, une association de pacage, une communauté de pâturage entre propriétaires, après la récolte enlevée. Aussi bien dans la vaine pâture que dans le parcours réciproque de commune à commune, il y a, tout à la fois, un droit actif et passif, qui détruit le caractère de véritable servitude, puisque chaque héritage est tour à tour, même à chaque instant et peut-être dans le même moment, héritage dominant et servant, ce qui fait qu'il n'est, en définitive, ni l'un ni l'autre. La Cour suprême a plusieurs fois consacré ces principes, elle a jugé notamment que le parcours et la vaine pâture sont une société et communauté tacites de pâturages, modifiant le droit de propriété, et dont les héritages grevés de cette servitude ne peuvent être affranchis que par la clôture; que, par suite, les propriétaires de ces terres ne peuvent y faire pacager exclusivement leurs bestiaux que lorsqu'elles sont closes. Cass., 16 déc. 1841, ANNALES DES JUSTICES DE PAIX, 1re série, t. IV, p. 295.

55. Quoique le décret de 1791 ne frappe pas la vaine pâture comme le parcours d'une espèce

de désapprobation, et ne la déclare pas simplement *provisoire*, il la soumet aux mêmes conditions d'existence et d'exercice : ainsi, il déclare encore que la vaine pâture n'existera qu'aux conditions suivantes : 1° si elle est fondée sur un titre particulier ; 2° ou si elle est autorisée par une loi, ou par un usage local immémorial ; 3° enfin, elle ne doit être exercée que conformément aux usages locaux qui ne contrarient pas les restrictions et réserves contenues dans les articles de la section iv du titre Ier.

56. Le droit de vaine pâture et celui de parcours ne doivent pas être confondus avec certains autres droits de pâturage consistant dans la faculté d'envoyer ses troupeaux sur le terrain d'autrui. Les droits de pâturage, différents du parcours et de la vaine pâture, n'ont ni le caractère de communauté ou de réciprocité, ni l'étendue du droit de vaine pâture ou de parcours. L'individu ou les individus au profit desquels le droit de pâturage est établi, l'exercent en vertu du titre et selon le titre qui le constitue. Et ce n'est pas seulement à un ou plusieurs individus que ce droit particulier de pâturage peut être concédé, mais aussi à une commune; et si une commune réclamait ainsi le parcours sur le territoire d'une autre commune non à titre réciproque, mais à

titre privatif et en vertu d'un ancien titre, alors l'abolition du droit réciproque par les édits ne pourrait plus faire obstacle à la réclamation. Jugé que l'édit du mois de mars 1769, qui, par son article 5, a aboli dans la province de la Champagne le droit réciproque de parcours de paroisse à paroisse, n'est pas applicable au cas où une commune réclame un droit de pâturage en vaine pâture sur le territoire d'une autre commune, à titre privatif et sans réciprocité. Cass., 18 juin 1840.

57. Le droit de pâturage en dehors du parcours et de la vaine pâture peut consister encore dans le droit de faire paître les secondes herbes. Il a été jugé que le droit de faire paître les secondes herbes dans un pré clos et fermé, où les bestiaux étaient introduits par des ouvertures ou trouées pratiquées à la clôture et tenues fermées à l'aide d'un barrage pendant le temps du pâturage, constituait non un droit de vaine pâture aboli par le décret de 1791, mais une servitude de pacage qu'il a respectée, quoique cette servitude ne fût acquise que par une possession immémoriale. Cass., 29 déc. 1840.

Cette servitude de pacage pouvait s'acquérir sans titre avant la loi de 1791, et notamment par la possession immémoriale ; par suite, un arrêt

ne peut refuser d'admettre la preuve de la possession immémoriale des faits constitutifs de cette
servitude de pacage, antérieurement à la loi de
1791 (même arrêt).

Dans le sens de cette décision, Proudhon (*Usufruit*, t. VIII, n° 3884) s'exprime en ces termes :
« Nous croyons qu'il faut aller plus loin encore,
et dire que celui qui aurait joui pendant trente
ans de la faculté de faire paître ses bestiaux dans
le clos d'un autre, après la récolte des fruits, de-
vrait être admis à en faire la preuve par témoins
et à exiger sa maintenue dans son droit d'usage,
encore qu'il n'en représentât pas de titre, attendu
que, du moment que la clôture affranchit du droit
de simple vaine pâture, il faut tenir pour constant
que le droit de pâturage dont elle n'affranchit
point n'est pas une simple vaine pâture ; qu'ainsi,
la possession qui serait, dans l'espèce, alléguée
par l'usager, porterait directement sur une servitude proprement dite ; et comme le pâturage
exercé dans un clos dont il faut ouvrir la barrière
pour y introduire des bestiaux étrangers n'est
certainement pas une chose de pure faculté ou de
simple tolérance, soit par rapport à la répugnance
qu'il y aurait à le supporter s'il n'était pas dû,
soit par rapport à l'importance des émoluments
qui pourraient en être l'objet, il en résulte que le

droit dont il s'agit serait très-susceptible d'être acquis par la prescription. »

58. Il faut bien distinguer encore la vaine pâture du pâturage que les habitants des campagnes exercent soit sur les *communaux* du lieu de leur résidence ou sur ceux des lieux voisins ; celui-ci se nomme *vive pâture*, et il absorbe tous les fruits de ces communaux. La vive pâture, dite aussi *pâture grasse*, consiste donc dans le droit de faire absorber tous les fruits d'un fonds et d'en tirer toute l'utilité qu'il peut produire. Au contraire, la vaine pâture est une sorte de servitude imposée à tous les fonds d'une commune. Il résulte de là que l'autorité municipale peut réglementer , comme elle l'entend, ce qui est relatif à la vive pâture, tandis que pour la vaine pâture elle doit tenir compte des droits des propriétaires. AN- NALES DES JUST. DE PAIX, 1re série, t. IV, p. 278 et suiv., et vol. 1852, p. 132, et *réimpress.*, p. 57.

59. Le droit de parcours doit, d'après le dé- cret de 1791, être *réciproque* : un avis du Conseil d'Etat du 30 frimaire an XII a fait une remar- quable application de ce principe, en refusant de rendre aux bouchers de Paris l'exercice du droit de parcours sur les terres en jachères de la ci-de- vant banlieue de Paris. Cet avis s'appuie princi- palement sur ce qu'il résulte du texte de la loi de

1791 que l'exercice du droit de parcours, de la part d'une commune, suppose nécessairement la réciprocité en faveur de la commune sur le territoire de laquelle il a lieu ; — Que, la ville de Paris n'offrant pas cette juste réciprocité, le parcours ne serait, pour les communes environnantes qu'une servitude gratuite, une atteinte réelle au droit de propriété, dont les bouchers retireraient seuls tout l'avantage, et que, par conséquent, l'exercice de ce droit est évidemment de la nature de ceux que la loi ci-dessus citée a eu l'intention d'abolir.

60. Le décret, Code rural de 1791, ne reconnaît, comme nous l'avons vu, d'autre droit de parcours que celui qui est fondé « sur un titre ou « sur une possession autorisée par les lois et les « coutumes, » et déclare aussi que le droit de vaine pâture « ne pourra exister que dans les lieux « où il est fondé sur un titre particulier ou au- « torisé par la loi ou par un usage local immé- « morial. »

Quels sont les actes qu'on peut considérer comme constituant des titres dans le sens de la loi ? Faut-il nécessairement présenter un titre primordial duquel résulte que le droit de parcours ou de vaine pâture a été convenu ou accordé par un titre particulier, ou suffirait-il, par exemple, de représenter un jugement constatant l'existence d'un droit antérieur sans qu'il fût dit dans ce jugement que ce droit était fondé sur un titre? Il a été décidé qu'un jugement ancien, rendu contradictoirement entre deux communes, et qui maintient les habitants de l'une d'elles « dans la possession et jouissance d'envoyer paître leurs bestiaux en vaine pâture sur les terres de l'autre commune, » doit être considéré comme constituant par lui-même un titre mettant le droit de vaine pâture à l'abri de l'abolition prononcée par la loi du 28 septembre 1791, alors que ce jugement est intervenu sous l'empire d'une coutume qui, comme celle de Reims, excluait la servitude légale du parcours réciproque et admettait l'acquisition du droit de pâturage pour la possession immémoriale : peu importe donc que ce jugement ne mentionne pas qu'il repose sur un titre primitif de concession. Cass., 18 juin 1840.

61. Quant à l'usage immémorial qui, dans les localités où il existe, peut, aux termes du décret de 1791, servir de base, au profit des habitants de la commune, à l'exercice de la vaine pâture; il est régulièrement établi à l'aide de jugements ou arrêts, même étrangers à ceux contre lesquels cet usage est invoqué; il n'y a pas là violation des

principes de la chose jugée, les décisions invo-
quées ne formant pas le titre de la servitude, mais
démontrant simplement l'existence de l'usage que
la loi a considéré comme une base légale de cette
servitude. Cass., 7 mars 1854, ANNALES, vol.
1854, p. 128 et suiv.

62. Le droit de vaine pâture ne peut être acquis par la possession. Cass., 24 déc. 1816, 1ʳᵉ série, t. V, p. 281.

63. Un droit de vaine pâture, n'étant qu'une
servitude discontinue, ne peut s'acquérir sans
titre. Mais un droit de vive et grasse pâture, étant,
de sa nature, prescriptible, peut être l'objet d'une
action possessoire. Cass., 6 janv. 1852, ANNALES,
vol. 1852, p. 132, et *réimpress.*, p. 57.

64. Le droit de pacage dans les forêts se ran-
geant parmi les droits d'usage dont ce genre de
propriété est susceptible, et le droit d'usage dans
les bois n'étant pas une simple servitude, mais
constituant une propriété, il s'ensuit que le droit
de pacage dans les forêts peut, quoique son exercice ait un caractère de discontinuité, s'acquérir
par prescription, et devenir, même sans l'appui
d'un titre, l'objet d'une action possessoire ou en
complainte, pour trouble porté à la possession de
l'usager. Trib. de Saint-Amand, 6 janv. 1853,
ANNALES, vol. 1853, p. 142, et *réimp.*, p. 225.

65. « Entre particuliers, tout droit de vaine
« pâture fondé sur un titre, même dans les bois,
« sera rachetable, à dire d'experts, suivant l'a-
« vantage que pourrait en retirer celui qui avait
« ce droit s'il n'était pas réciproque, ou eu égard
« au désavantage qu'un des propriétaires aurait
« à perdre la réciprocité, si elle existait, le tout
« sans préjudice au droit de cantonnement, tant
« pour les particuliers que pour les communau-
« tés, confirmé par l'article 8 du décret des 17,
« 19 et 20 septembre 1790. » (Décr., C. rural
de 1791, art. 8.)

65 *bis*. Le prix de rachat d'un droit de pâturage exercé dans une forêt par les habitants d'une
commune, *pro modo jugerum*, c'est-à-dire proportionnellement aux terres cultivées de chacun
d'eux, doit être calculé sans déduction des terres
appartenant au propriétaire de la forêt qui réclame
le rachat, ce propriétaire jouissant du droit de
pâturage, non en vertu de son droit de propriété,
mais au même titre que les autres habitants de la
commune, et, par conséquent, en vertu de la servitude à racheter. Cass., 4 juin 1862.

En rapportant cet arrêt dans leur deuxième
cahier de 1863, MM. Dalloz font les judicieuses
observations suivantes :

« Le droit de pâturage appartient, en effet,

aux habitants de la commune *ut universi*, et ces habitants ne peuvent l'exercer que *collectivement*, sous peine d'être constitués en délit. Le propriétaire de la forêt grevée de ce droit en jouit donc, non comme conséquence de son droit de propriété, mais en sa qualité de membre du corps moral de la commune, la prohibition d'en user *ut singuli* s'appliquant à lui comme aux autres habitants. Dès lors, le droit de pâturage existe sur sa tête au même titre que sur celle de ces derniers, et se distingue ainsi de son droit de propriété sur le fonds asservi. La maxime *res sua nemini servit* ne lui est pas applicable, et lorsqu'il rachète ce droit de pâturage, il en fait le rachat vis-à-vis de lui-même comme vis-à-vis de l'ensemble des habitants qui en sont investis collectivement avec lui. — Proudhon, *Dr. d'usage*, n° 95, dont l'opinion était invoquée par le pourvoi, enseigne, il est vrai, que si les habitants des communes usagères possèdent des droits d'usage *ut universi*, ils exercent des droits *ut singuli*, ce qui, dans le cas particulier, pourrait justifier la prétention du maître de la forêt de faire confondre en sa personne ses deux qualités de créancier et de débiteur du pâturage, et, par conséquent, de faire considérer le droit dont il s'agit comme n'existant pas à titre de servitude, en tant qu'il est exercé

par lui. Mais cette doctrine, fût-elle exacte en
principe, ne l'est pas en ce qui concerne le pâturage, puisque les habitants ne pourraient, sans
délit, l'exercer *ut singuli.* »

CHAPITRE III.

Quelles sont les terres assujetties au parcours et à la vaine pâture? Prairies naturelles, prairies artificielles. — Réunion de commune. — Comment s'affranchissent les terres soumises à la vaine pâture ou au parcours? Affranchissement entre deux communes. — De la clôture; effets de la clôture. — Du changement de culture.

66. Les articles 9 et 10, sect. IV, tit. Ier, du décret de 1791, déterminent quelles sont les terres sur lesquelles peut s'exercer le droit de parcours ou de vaine pâture. ANNALES DES JUST. DE PAIX, vol. 1859, p. 234 et suiv.

Ainsi, d'après l'article 9, « dans aucun cas et « dans aucun temps, le droit de parcours ni celui « de vaine pâture ne pourront s'exercer sur les « *prairies artificielles*, et ne pourront avoir lieu « sur aucune terre ensemencée ou couverte de « quelque production que ce soit, qu'après la « récolte. » *Ibid.*

67. D'après l'article 10, « partout où les prai-« ries naturelles sont sujettes au parcours ou à « la vaine pâture, ils n'auront lieu provisoire-

« ment que dans le temps autorisé par les lois et
« coutumes, et jamais tant que la première herbe
« ne sera pas récoltée. » *Ibid.*

68. Mais tous les terrains après l'enlèvement
des récoltes, ceux où il n'y a aucune semence ou
fruits, les prairies naturelles, après la première
faux, si elles ne sont pas assez abondantes pour
donner une seconde coupe, et après la deuxième
faux, si elles produisent deux herbes; les terres
non labourées ni cultivées, les chemins, les haies
et les buissons, enfin tout champ qui n'a ni fossé,
ni haie ou muraille, ou apparence de clôture ou
défense, doivent être, après la récolte, regardés
comme en état de vaine pâture. *Ibid.*

69. Dans les pays où la vaine pâture a lieu
sur les prés après leur première coupe, les propriétaires ne peuvent mettre les prés en réserve
pour en tirer du regain, si ce n'est du consente-
ment des deux communes. (Arr. du Parlem. de
Dijon du 2 mars 1747.) *Ibid.*

70. Dans les localités où les prairies naturelles
sont sujettes au parcours ou à la vaine pâture, ces
droits, comme nous l'avons vu d'après l'article 10
précité, ne peuvent être exercés que dans le temps
autorisé par les lois et coutumes, et jamais tant
que la première herbe n'a pas été récoltée. *Ibid.*

71. Il résulte de l'article 9 de ladite loi, que

les bestiaux ne peuvent être envoyés au pâturage sur les terres ensemencées, ou couvertes de
quelques productions que ce soit, qu'après la
récolte. Mais de ce que cet article subordonne
l'exercice de la vaine pâture et du parcours à
l'enlèvement des récoltes, il n'en faudrait pas
induire qu'aussitôt que l'enlèvement a eu lieu, les
bestiaux peuvent être envoyés au pâturage. La
disposition dudit article doit être combinée avec
celle de l'article 22 du titre II de la même loi, qui,
sous la sanction de pénalités que l'article 2 de la
loi du 23 thermidor an IV a portées à une amende
de la valeur de trois journées de travail ou à un
emprisonnement de trois jours, interdit aux pâtres et aux bergers de mener les troupeaux dans
les champs moissonnés et ouverts, moins de deux
jours *après la récolte entière. Ibid.*

72. Observons ici que cette restriction à l'exercice du pâturage a été apportée dans l'intérêt du
glanage et du râtelage, en faveur des pauvres et
autres gens nécessiteux, dans les lieux où l'usage
en est autorisé ; la disposition dont il s'agit con-
corde avec celle de l'article 21, qui a maintenu et
qui réglait cet usage, et elle en est, en quelque
sorte, le complément nécessaire ; d'où résultent
ces deux conséquences :

1° Que la prohibition établie par l'article 22,

malgré la généralité de ses termes, n'est applicable que dans les localités où l'usage de glaner et râteler est demeuré subsistant, en sorte que, dans celles où cette faculté n'a jamais été exercée ou a cessé de l'être, l'envoi des bestiaux ou troupeaux au pacage avant les deux jours qui suivent l'enlèvement de la récolte est parfaitement licite ;

2° Que la défense dont il s'agit est absolue en ce sens que, dans les lieux où le glanage et le râtelage sont autorisés par l'usage, elle s'applique au propriétaire, détenteur ou fermier, aussi bien qu'à tous autres individus. C'est ce que la Cour de cassation a décidé fréquemment, et notamment par arrêts des 19 octobre 1836, ANNALES DES JUST. DE PAIX, 1re série, t. III, p. 172, et 13 janvier 1844, 1re série, t. V, p. 304.

73. Ajoutons, toutefois, qu'aucune peine ne serait encourue par le propriétaire du terrain qui le cultiverait dans les deux jours qui suivent la récolte. Ce fait de *culture* aurait sans doute pour conséquence les inconvénients que la loi a entendu prévenir, mais il ne peut être assimilé au *pacage*, que l'article 22 a seul entendu prohiber. Cass., 14 sept. 1844. *Ibid.*

74. Le délai de deux jours qui doit s'écouler entre l'enlèvement des récoltes et le pacage des bestiaux doit-il être franc ? — Suivant M. Coin-

Delisle (*Encyclopéd. des juges de paix*, t. III,
p. 300, v° *Glanage*, n° 6), par ces mots : *que deux
jours après la récolte entière*, la loi entend qu'il
doit y avoir *un jour franc* entre l'enlèvement complet de la récolte et l'introduction des bestiaux
dans le champ. Cette interprétation peut trouver
sa base dans une ordonnance du roi Louis IX,
portant que : *Nul ne soffre mettre bestes en éteule
en autruy bled, jusqu'au tiers jours que la moisson
sera ramassée, et le tiers jours est entendu
comme sy bled étoit porté le lundy, les bestes peuvent aller le mercredy après.* Néanmoins, elle est,
à notre avis, contraire au texte de l'article 22.
Les expressions *deux jours après la récolte entière*
signifient évidemment que les deux jours qui
suivent celui où les champs ont été complétement
dépouillés et vidés de leurs récoltes sont exclusivement consacrés au glanage. — Telle est
d'ailleurs la doctrine de la Cour de cassation,
qui a décidé que l'article 22, tit. II, de la loi
de 1791, ne parlant point d'heures, mais de
jours, ces expressions *deux jours après la récolte*
comportent *deux jours francs*, indépendamment
de celui où il a été procédé à l'enlèvement des
récoltes, interprétation, dit l'arrêt, conforme,
non-seulement au texte de la loi, mais encore aux
sentiments d'humanité qui ont inspiré le législa-

teur, puisque c'est dans l'intérêt des pauvres, qui profitent du glanage, que le délai a été fixé. 2 janv. 1857, vol. 1857, p. 205.

75. Les mots *champs moissonnés* qu'emploie l'article 22 du titre II du décret de 1791 ne doivent pas être pris dans un sens restrictif. La disposition de la loi est applicable aux prés naturels, aussi bien qu'aux terrains dans lesquels ont été récoltées des céréales. Cass., 17 janv. 1845, ANNALES DES JUST. DE PAIX, 1re série, t. II, p. 234, et 15 oct. 1851, vol. 1852, p. 206.

En effet, l'article 22 se coordonne et se combine, comme nous l'avons dit, avec l'article 21, dont la disposition, en réglant le temps pendant lequel le glanage et le râtelage peuvent être exercés, mentionne non-seulement les *champs*, mais aussi les *prés*.

76. L'article 9 du décret défend d'une manière absolue d'exercer le droit de vaine pâture ou de parcours sur les prairies artificielles. Mais on s'est demandé si, lorsqu'il y a un *titre* qui concède, en général, le droit de vaine pâture, ce droit ne peut pas être exercé sur les prairies artificielles. Il a été jugé que, même dans ce cas, le droit ne peut être exercé, attendu, porte l'arrêt, que d'après la jurisprudence ancienne et nouvelle, et les dispositions absolues des articles 9 et 24 de la loi du

6 octobre 1791, les prairies artificielles sont formellement affranchies de l'exercice du parcours
et de la vaine pâture, lors même qu'il est fondé
sur un titre (Riom, 9 août 1838).

Les auteurs toutefois sont partagés sur cette
question. M. Proudhon, *Droit d'usage*, t. I, n°343,
pense que le droit de vaine pâture établi par titre
peut être exercé sur les prairies artificielles après
la fauchaison. M. Curasson sur Proudhon (*Droit
d'usage*, t. I, n° 555) est d'une opinion contraire,
et M. Dalloz, en citant ces deux opinions, se range
à celle de Curasson, fondant leur manière de
voir tout à la fois sur l'article 9 déjà cité et sur
l'article 24 du titre II du décret, aussi décisif que
l'article 9. « En effet, disent ces derniers auteurs,
l'article 24 range dans la classe des délits le fait
de celui qui conduit des bestiaux sur les prairies
artificielles ; la loi dit même : *Il est défendu dans
aucun temps.* Or, du moment où le fait est qua-
lifié délit, comment admettre que ce fait serait
cependant autorisé dans un temps quelconque,
par cela seul qu'il reposerait sur une convention ?
Un contrat illicite est comme s'il n'était pas. On
fait à ce système une objection puisée dans l'abrogation de l'article 24 du Code rural par l'article 479,
n° 10, du Code pénal, ainsi conçu : « Seront punis
« d'une amende de 11 francs ceux qui mèneront

« sur le terrain d'autrui des bestiaux, de quelque
« nature qu'ils soient, et notamment dans les prai-
« ries artificielles, dans les vignes, oseraies, etc. »
L'article 24 du Code rural se trouve, dit-on,
abrogé évidemment par cette disposition, puisque
l'article 479, n° 10, énonce une pénalité différente, et, en outre, n'est pas conçu dans les mêmes
termes de rigueur. Ces mots de l'article 24, *en
aucun temps*, n'existent plus dans l'article 479.
Cela est vrai ; mais en lisant l'article 479, on voit
bien que l'intention du législateur n'a pas été de
modifier la disposition de l'article 24, car, après
avoir énoncé la défense en ce qui concerne les
prairies artificielles, il parle de la prohibition de
mener des bestiaux dans les vignes, comme l'article 24. Or, personne n'a imaginé qu'en un temps
quelconque on pût mener les bestiaux dans les
vignes ; ce serait leur destruction complète. La
suppression des mots *en aucun temps* n'est donc
qu'une inadvertance ; et dans tous les cas, reste
l'observation que le fait constitue une contravention aux termes mêmes de l'article 479, n° 10, et
que, dès lors, l'intention du législateur est manifeste et vient corroborer puissamment la disposition de l'article 9. »

Ce raisonnement nous paraîtrait parfaitement
applicable au droit de vaine pâture ou de par-

cours sur les prairies artificielles, convenu en termes généraux entre les habitants d'une ou de plusieurs communes; mais nous ne pensons pas que la prohibition fût applicable à un contrat entre particuliers, par lequel l'un concéderait à l'autre, ou tous deux se concéderaient mutuellement le droit de faire *pâturer* en certains temps leurs troupeaux sur des prairies artificielles. Le fait de pâture sur une prairie artificielle ne peut être, à notre avis, assimilé au fait de pâture dans les vignes ; les motifs d'interdiction ne sont plus du tout les mêmes, et cela est si vrai, que, si un propriétaire était en contravention pour faire paître ses bestiaux dans ses vignes, il ne le serait pas pour les faire paître dans sa prairie artificielle. Il a été jugé, en effet, qu'un propriétaire a le droit de faire pâturer son troupeau de bêtes à laine sur une prairie artificielle à lui appartenant, bien même qu'elle soit située hors du cantonnement à lui assigné par le Conseil municipal. Cass., 15 juill. 1843, ANNALES DES JUST. DE PAIX, 1re série, t. V, p. 298.

77. Examinons maintenant quels sont les moyens qu'ont les propriétaires de soustraire leurs terres au parcours et à la vaine pâture, dans les communes où elles y sont soumises.

L'article 4, sect. iv, tit. Ier, du décret, Code

rural de 1791, porte : « Le droit de clore et de
« déclore ses héritages résulte essentiellement de
« celui de propriété, et ne peut être contesté
« à aucun propriétaire. L'Assemblée nationale
« abroge toutes les lois et coutumes qui peuvent
« contrarier ce droit. »

78. D'après l'article 5, « le droit de parcours
« et le droit simple de vaine pâture ne pourront,
« en aucun cas, empêcher les propriétaires de
« clore leurs héritages ; et tout le temps qu'un
« héritage sera clos de la manière qui sera déter-
« minée par l'article suivant, il ne pourra être
« assujetti ni à l'un ni à l'autre. »

79. D'après l'article 6, « l'héritage sera réputé
« clos, lorsqu'il sera entouré d'un mur de quatre
« pieds de hauteur, avec barrière ou porte, ou
« lorsqu'il sera exactement fermé et entouré de
« palissades ou de treillages, ou d'une haie vive,
« ou d'une haie sèche, faite avec des pieux et
« cordelée avec des branches, ou de toute autre
« manière de faire les haies en usage dans chaque
« localité, ou enfin d'un fossé de quatre pieds de
« large au moins à l'ouverture et de deux pieds
« de profondeur. »

80. D'après l'article 7, « la clôture affranchira
« de même le droit de vaine pâture réciproque
« ou non réciproque entre particuliers, si ce droit

« n'est pas fondé sur un titre. Toutes lois et tous
« usages contraires sont abolis. »

81. D'après l'article 11, « le droit dont jouit tout
« propriétaire de clore ses héritages a lieu, même
« par rapport aux prairies, dans les paroisses où,
« sans titre de propriété et seulement par l'usage,
« elles deviennent communes à tous les habitants,
« soit immédiatement après la récolte de la pre-
« mière herbe, soit dans tout autre temps déter-
« miné. »

82. D'après l'article 16, « quand un proprié-
« taire d'un pays de parcours ou de vaine pâture
« aura clos une partie de sa propriété, le nombre
« des têtes de bétail qu'il pourra continuer d'en-
« voyer dans le troupeau commun, ou par trou-
« peau séparé, sur les terres particulières des
« habitants de la communauté, sera restreint pro-
« portionnellement et suivant les dispositions de
« l'article 13 de la présente section. »

84. D'après l'article 17, « la commune, dont
« le droit de parcours sur une paroisse voisine
« sera restreint par des clôtures faites de la ma-
« nière déterminée à l'article 6 de cette section,
« ne pourra prétendre, à cet égard, à aucune es-
« pèce d'indemnité, même dans le cas où son droit
« serait fondé sur un titre ; mais cette commu-
« nauté aura le droit de renoncer à la faculté réci-

« proque qui résultait de celui de parcours entre
« elle et la paroisse voisine ; ce qui aura égale-
« ment lieu, si le droit de parcours s'exerçait sur
« la propriété d'un particulier. »

85. L'article 647 du Code Napoléon porte :
« Tout propriétaire peut clore son héritage, sauf
« l'exception portée en l'article 682 (*Enclave*). »

86. L'article 648 : « Le propriétaire qui veut
« se clore perd son droit au parcours et à la vaine
« pâture, en proportion du terrain qu'il y sous-
« trait. »

Telles sont les dispositions relatives au droit de
se clore et à l'influence de la clôture sur la vaine
pâture et le parcours.

87. La vaine pâture et le parcours ne peuvent
être exercés sur les héritages en état de clôture.
— Et il en est ainsi, même à l'égard des prairies,
dans les lieux où, d'après l'usage, elles deviennent
communes à tous les habitants, soit immédiatement après la récolte de la première herbe, soit
dans tout autre temps déterminé. ANNALES DES
JUSTICES DE PAIX, vol. 1859, p. 237.

88. Mais pour que les héritages soient affranchis de l'un et de l'autre de ces droits, il est in-
dispensable que cette clôture soit conforme à l'un
des modes prescrits par l'article 6, c'est-à-dire
que l'héritage soit entouré d'un mur de *quatre*

pieds de hauteur, avec barrière ou porte, ou qu'il soit exactement fermé et entouré de palissades, ou de treillages, ou d'une haie vive, ou d'une haie sèche faite avec des pieux ou corde liée avec des branches, ou de toute autre manière de faire les haies en usage dans la localité ; ou enfin d'un fossé de *quatre pieds* de large au moins à l'ouverture et de *deux pieds* de profondeur. *Ibid.*

89. La Cour de cassation a fait l'application de cette règle en décidant que, dans le cas où l'usage autorise l'exercice de la vaine pâture sur les prés, mais seulement après la récolte de la première herbe, un propriétaire ne peut se soustraire à cette servitude en laissant sur pied, lors de la fauchaison, une lisière d'herbe sur toute la circonférence de sa prairie. Cette lisière ne pouvant être considérée comme une clôture légale, l'introduction du troupeau de la commune dans le pré en cet état ne saurait donner lieu à des dommages-intérêts, soit contre le pâtre, soit contre le maire qui lui a donné l'ordre d'introduire le troupeau, sous le prétexte qu'il y a eu voie de fait, et qu'il fallait une autorisation de justice. Cass., 26 mars 1841, ANNALES DES JUST. DE PAIX, 1ʳᵉ série, t. V, p. 292.

90. Le droit de clore, résultant de l'article 5 de la loi précitée, et que confirme l'article 647 du

Code Napoléon, est d'ailleurs absolu, et ne saurait, par exemple, être entravé par une délibération du Conseil municipal attribuant à certains habitants de la commune, à raison de l'isolement de leurs habitations, un cantonnement séparé en échange duquel ils auraient consenti l'abandon de leur droit à la vaine pâture sur des terres leur appartenant dans des cantons éloignés. Nancy, 9 févr. 1849 ; ANNALES, vol. 1859, p. 238.

91. Ajoutons que ce n'est que pendant tout le temps que l'héritage est clos conformément à la loi qu'il cesse d'être assujetti à la servitude du parcours et au droit de vaine pâture ; d'où il suit que la clôture suspend l'exercice du droit et n'en détermine pas l'affranchissement définitif. C'est, du reste, ce qu'il faut inférer du texte même dudit article : « *Tout le temps qu'un héritage sera clos,* il ne pourra être assujetti... » ; il a été, en effet, jugé que le droit de vaine pâture dans les pays où il existe à quelque titre que ce soit, doit être exercé dans toute propriété non close, encore bien que cette propriété, close avant 1791, se soit alors trouvée affranchie du droit de vaine pâture par le fait même de sa clôture, si elle a été déclose depuis. Cass., 4 nov. 1859, ANNALES DES JUST. DE PAIX, vol. 1860, p. 193.

92. Ainsi que l'enseigne Proudhon (*Traité du*

droit d'usage, t. Ier, n° 340), lorsqu'un propriétaire a clos son héritage pour l'affranchir du droit
de parcours ou de celui de vaine pâture, l'état de
défense de l'héritage peut, d'après les circonstances, être considéré comme ayant cessé par suite
du défaut d'entretien et du mauvais état de la
clôture. *Ibid.*, vol. 1859, p. 238.

93. Quelle est la hauteur obligée d'une haie
vive plantée autour d'un héritage pour soustraire
cet héritage à la vaine pâture?

Suffirait-il que cette haie vive ne sortît de terre
que de six pouces?

Un particulier a planté autour de son pré une
haie vive dont la hauteur, sortant de terre, n'est
que de six pouces; il prétend qu'une pareille clôture est suffisante pour affranchir son héritage de
la vaine pâture.

Les autres habitants soutiennent que cette haie
n'est pas *défensive*; qu'elle n'oppose par *elle-même*
aucun obstacle à l'accès du bétail, et que, dès
lors, elle ne doit pas être respectée; ils ajoutent
qu'elle ne pourrait l'être qu'autant qu'elle serait
accompagnée soit d'un fossé de quatre pieds, soit
d'une haie sèche pour la garantir, et encore fau-
drait-il que cette haie sèche fût assez forte et assez
haute pour ne pouvoir être franchie par le bétail;
en un mot, que, dans le sens de la loi de 1791, on

ne peut regarder comme *clôture* que celle *qui offre assez de résistance pour défendre par elle seule l'entrée du troupeau dans la prairie.*

A cela le propriétaire de l'héritage réplique : La loi de 1791, en parlant d'*une haie vive*, n'en a déterminé ni la *forme*, ni la *hauteur*. Il suffit qu'elle soit apparente à l'œil du pâtre, pour qu'on doive considérer le pré comme légalement clos.

D'ailleurs, dit-il, vous n'avez pas le droit de laisser manger ou fouler par les bestiaux la jeune haie, quelque faible qu'elle soit, ne fît-elle que sortir de terre. Et si vous pénétrez dans mon pré, vous foulez ma haie. Dès lors, pour ce seul fait, vous devriez des dommages-intérêts.

Telles sont les raisons données de part et d'autre.

94. Le droit de parcours et de vaine pâture n'empêche en aucun cas les propriétaires de clore leur héritage ; c'est un droit qui est reconnu et proclamé par l'article 5, sect. IV, de la loi du 6 octobre 1791 ; tout le temps qu'un héritage, ajoute cet article, sera clos de la manière qui sera déterminée par l'article suivant, il ne pourra être assujetti ni à l'un ni à l'autre des droits ci-dessus. ANNALES DES JUSTICES DE PAIX, vol. 1849, p. 262.

L'article suivant (art. 6) met au nombre des clôtures suffisantes *la haie vive*, sans fixer aucune hauteur. Nous sommes porté à croire que la loi a voulu surtout que l'intention du propriétaire de clore son héritage fût manifeste et formelle ; dans les signes de clôture qu'elle indique, il ne s'agit pas tant d'obstacles infranchissables que de preuves de l'intention d'enlever la partie close tout entière à la jouissance commune. *Ibid.*, p. 263.

Ce qui le fait présumer, c'est que, d'après l'article 9 de la même section de la loi des 28 septembre-6 octobre 1791, dans aucun cas et dans aucun temps le droit de parcours ni celui de vaine pâture ne peuvent s'exercer sur les prairies artificielles ; dans cet article, il n'est question d'aucune clôture. « Ainsi, dit Proudhon, *Traité de l'usufruit*, n° 3686, en commentant cet article, il est permis au propriétaire de retirer par le moyen des prairies artificielles, comme par celui de la clôture, leurs héritages de la mise d'association tacite sur laquelle repose le principe générateur de la vaine pâture ; et cela est juste, parce qu'autrement cette société pourrait devenir préjudiciable soit à l'agriculture en général, soit à chacun des sociétaires en particulier ; et qu'il suffit, pour être juste envers tous, que celui qui établit des prairies artificielles et des clôtures, laisse encore, pour mise de fonds dans l'association générale, une quantité d'héritages proportionnée au nombre de bestiaux que lui-même envoie au pâturage commun.» *Ibid*.

Le même auteur, en commentant le susdit article 9, se demande si le mauvais état de la clôture fait cesser la défense de l'héritage. « Et d'abord, répond-il, n° 3682, à supposer que l'héritage ait été mis en état de prairie artificielle, comme on le voit souvent pratiqué, il est hors de doute que, nonobstant le mauvais état de la clôture, il n'en restera pas moins soustrait à l'usage de la vaine pâture, puisque la seule implantation de la prairie artificielle serait suffisante pour le mettre en défense. » *Ibid*.

Au reste, ajoute encore Proudhon, *eodem*, il en est des débats qui peuvent s'élever sur le bon et le mauvais état de la clôture pour qu'elle soit suffisante ou non à maintenir l'état de défense de l'héritage, comme de toute autre question de fait, dont l'appréciation reste entièrement dans le domaine de la justice. *Ibid*.

95. Quant à nous, nous pensons que si la clôture consiste en une haie vive, il y a lieu d'examiner quelle est l'espèce d'arbuste qui forme la haie : est-il par sa nature destiné à croître de manière à offrir une défense suffisante au terrain, l'intention du propriétaire de ce terrain sera dès lors manifeste ; s'il s'agissait, au contraire, d'un arbrisseau qui ne croît point, que l'on est souvent

obligé de renouveler, la plantation de la haie ne serait plus une preuve de l'intention de clore le terrain. *Ibid*.

96. Les propriétaires de parties de prairies soumises au droit de parcours après la première herbe ont le droit de les clore et de les soustraire à la vaine pâture, lorsque les usagers fondent leurs droits, non sur un titre de propriété constitutif, mais seulement sur des titres qui se bornent à constater une longue jouissance. Cass., 19 juill. 1837, ANN. DES J. DE PAIX, 1re série, t. V, p. 301.

97. La loi du 28 septembre 1791, qui a proclamé la liberté des héritages et le droit de les soustraire à la vaine pâture en les faisant clore, est générale et absolue, et régit toute la France, sans distinction entre les pays où la vaine pâture s'exerçait par droit de coutume et ceux, tels que le Dauphiné, où la vaine pâture ne s'exerçait qu'en vertu d'un titre ou de la prescription. — Par suite, à défaut de titre, aujourd'hui que les servitudes discontinues ne s'acquièrent plus par prescription, le propriétaire d'un héritage jouit, aussi bien en Dauphiné qu'en toute autre localité, du droit de le clore et de le soustraire à la vaine pâture, quand bien même elle y aurait été exercée de temps immémorial. Cass., 27 avril 1846, ANN. DES JUST. DE PAIX, 1re série, t. V, p. 302.

« Attendu, en droit, déclare cet arrêt, que la loi précitée de 1791, dans ses dispositions sur la vaine pâture, loin de devoir être restreinte dans son application, a établi, au contraire, un principe général et absolu, dans l'intérêt de la propriété et de l'agriculture, qui doit régir toute la France, quels qu'aient été les lois et édits antérieurs, lesquels y sont formellement abrogés ; qu'il est donc indifférent de savoir si les prairies, sur lesquelles la vaine pâture est prétendue, étaient situées en Dauphiné, et si le droit ou servitude dont il s'agit y pouvait être établi, à défaut de titres, par la possession immémoriale, puisque la loi n'admet cette servitude ou ce droit qu'autant qu'il est fondé sur un titre... »

98. Lorsque, depuis un temps immémorial, des friches communales sont livrées à la vaine pâture, elles ne peuvent en être affranchies que dans les conditions déterminées par la loi, au nombre desquelles ne figure pas l'amodiation des biens communaux par le Conseil municipal. Dès lors, tant que les friches communales restent à l'état de friches, le droit de vaine pâture reste acquis aux habitants. Cass., 28 juin 1861, ANNALES DES JUST. DE PAIX, vol. 1862, p. 21.

Décidé dans le même sens, et avec raison, que l'amodiation des friches d'une commune n'a pas pour effet de les soustraire à l'exercice du droit de vaine pâture existant dans cette commune en vertu d'un usage local immémorial ; — Qu'en conséquence, l'individu qui, nonobstant l'amodiation régulièrement faite à d'autres qu'à lui, envoie ses bestiaux au vain pâturage sur ces friches, dans le temps où il est autorisé, ne commet aucune contravention. Just. de paix du canton de Montigny-sur-Aube (Côte-d'Or), 4 avril 1860; *Bulletin des décisions des juges de paix*, t. II, p. 301.

Les moyens de soustraire des friches communales à la vaine pâture ne sont autres que ceux applicables à toutes les terres soumises à ce droit, indiqués dans la section iv du titre Ier de la loi du 6 octobre 1791. *Ibid.*

S'il rentre dans les attributions de l'autorité municipale de réglementer le mode de jouissance de la vaine pâture, cette autorité ne peut, par ses arrêtés, apporter à son exercice aucune restriction susceptible d'en altérer ou changer la nature, et à plus forte raison de la supprimer. *Ibid.*

99. Lorsqu'un acte entre deux communes, portant réserve d'un droit de parcours sur certaines propriétés particulières de leurs territoires respectifs, ne constitue pas un titre de servitude réelle de parcours sur les propriétés désignées, mais une concession réciproque d'une pure faculté de vain

pâturage (ce qu'il appartient aux Cours impériales d'apprécier souverainement), les propriétaires de ces fonds ont le droit de les soustraire, par la clôture, à l'exercice de cette faculté.— Par suite, en cas de réduction par ce fait du droit de parcours au préjudice de l'une des communes, celle-ci peut mettre fin à la convention en renonçant à la faculté réciproque du parcours. Cass., 24 mai 1842, ANN. DES JUST. DE PAIX, 1re série, t. V, p. 299.

Cette décision, qui repose sur la saine interprétation des lois, est conforme à la jurisprudence et à la doctrine des auteurs. En droit, les communes dont il s'agit dans l'espèce avaient qualité, sans doute, pour mettre en commun les avantages de la vaine pâture, mais non pour créer une servitude réelle sur les propriétés personnelles de leurs habitants respectifs.

100. Mais le propriétaire dont les prés sont assujettis au parcours ou à la vaine pâture est-il grevé de telle manière qu'il ne puisse même changer la nature de son terrain ; par exemple, d'une lande ne peut-il pas faire une terre labourable, ou même d'une terre labourable une prairie artificielle qui soit, par ce fait même, enlevée à la vaine pâture ? Il est admis en principe que le droit de vaine pâture peut être anéanti par suite d'un mode différent d'exploitation. Et c'est ainsi qu'il

a été jugé : 1° Que le droit de vaine pâture, après
les premiers fruits levés, qu'une commune a accordé sur son territoire à une autre commune, ne
peut empêcher le propriétaire de l'un des fonds
situés sur ce territoire de le convertir en prairie
artificielle, et de retarder par là l'époque ordinaire
de la première levée des fruits, surtout si ce droit
n'en est pas diminué, et si le pâturage est abon-
dant (Besançon, 28 nov. 1828); — 2° Que la con-
version des fonds soumis au parcours ou à la
vaine pâture, en prairies artificielles, produit les
mêmes effets que la clôture, quant à l'affranchissement de ces fonds et au droit qu'a la commune
voisine de faire cesser la faculté de parcours réciproque, en y renonçant, pour cause de restriction
de cette faculté à son préjudice par le fait des
propriétaires. Cass., 24 mai 1842, ANNALES DES
JUST. DE PAIX, 1re série, t. V, p. 299.

« Attendu, déclare ce dernier arrêt, que l'article 9 de la loi du 6 octobre 1791 déclare que dans
aucun càs et dans aucun temps le droit de parcours ni celui de vaine pâture ne pourront s'exercer sur les prairies artificielles ; et que, suivant
l'article 17 de la même loi, la commune dont le
droit de parcours se trouve restreint par des clôtures a le droit de renoncer à la faculté réciproque
qui résultait de celui de parcours entre elle et la

paroisse voisine ; — Attendu que, bien que cet
article n'indique que le cas où le droit de parcours
se trouve restreint par des clôtures, on ne saurait
en induire que sa disposition soit limitative, et que
la règle qu'il pose, fondée sur les principes du
droit commun, ne puisse pas être appliquée dans
le cas où le droit de parcours se trouve restreint
par la mise en nature de prairies artificielles d'une
partie des terrains assujettis au parcours... »

101. L'article 18 de la loi de 1791 règle le droit
de parcours et de vaine pâture pour les cas où
deux ou plusieurs communes ou sections de communes se trouveraient réunies à d'autres communes soumises à des usages différents : « Si, par
la nouvelle division du royaume, dit cet article,
quelques sections de paroisses se trouvent soumises à des usages différents des leurs, soit relativement au parcours ou à la vaine pâture, soit
relativement au troupeau en commun, la plus petite partie dans la réunion suivra la loi de la plus
grande, et les corps administratifs décideront des
contestations qui naîtraient à ce sujet. Cependant,
si une propriété n'était pas enclavée dans les
autres, et qu'elle ne gênât point le droit de parcours ou de vaine pâture auquel elle n'était point
soumise, elle serait exceptée de cette règle. »

CHAPITRE IV.

102. Nous reproduirons d'abord, sous ce paragraphe, les articles du décret de 1791 qui règlent l'exercice du droit de parcours et de vaine pâture.

« ART. 12. Dans les pays de parcours ou de « vaine pâture, soumis à l'usage du troupeau en « commun, tout propriétaire ou fermier pourra « renoncer à cette communauté et faire garder, « par troupeau séparé, un nombre de têtes de bé- « tail proportionné à l'étendue des terres qu'il « exploitera dans la paroisse. »

103. « ART. 13. La quantité de bétail, propor- « tionnellement à l'étendue du terrain, sera fixée « dans chaque paroisse à tant de bêtes par arpent, « d'après les règlements et usages locaux; et, à « défaut de documents positifs à cet égard, il y

« sera pourvu par le Conseil général de la com-
« mune » (aujourd'hui Conseil municipal) (1).

104. « Art. 14. Néanmoins, tout chef de fa-
« mille domicilié, qui ne sera ni propriétaire, ni
« fermier d'aucun des terrains sujets au parcours
« ou à la vaine pâture, et le propriétaire ou fer-
« mier à qui la modicité de son exploitation n'as-
« surerait pas l'avantage qui va être déterminé,
« pourront mettre sur lesdits terrains, soit par
« troupeau séparé, soit en troupeau en commun,
« jusqu'au nombre de six bêtes à laine et d'une
« vache avec son veau, sans préjudicier aux droits
« desdites personnes sur les terres communales,
« s'il y en a dans la paroisse, et sans entendre rien
« innover aux lois, coutumes et usages locaux et
« de temps immémorial, qui leur accorderaient
« un plus grand avantage. »

105. « Art. 15. Les propriétaires ou fermiers
« exploitant des terres sur les paroisses sujettes
« au parcours ou à la vaine pâture, et dans les-
« quelles ils ne seraient pas domiciliés, auront le

(1) Jugé que, lorsque, dans un pays de parcours soumis à l'usage
du troupeau commun, l'un des communistes a été autorisé par le
préfet à faire paître ses bestiaux séparément, et dispensé de con-
courir au payement du salaire dû au pâtre commun, le juge de paix
ne peut, sans excès de pouvoir et sans usurper l'autorité administrative, condamner le communiste à payer à ce pâtre la moitié du
salaire qui lui serait dû, s'il était resté en communauté. Cass., 4
juill. 1821; *Bull. des lois des J. de paix*, t. I, p. 86, *not.*

« même droit de mettre dans le troupeau com-
« mun, ou de faire garder, par troupeau séparé,
« une quantité de têtes de bétail proportionnée à
« l'étendue de leur exploitation, et suivant les
« dispositions de l'article 14 de la présente section ;
« mais, dans aucun cas, ces propriétaires ou fer-
« miers ne pourront céder leurs droits à d'autres.»

106. ART. 19. « Aussitôt qu'un propriétaire
« aura un troupeau malade, il sera tenu d'en faire
« la déclaration à la municipalité. Elle assignera
« sur le terrain du parcours ou de la vaine pâ-
« ture, si l'un ou l'autre existe dans la paroisse,
« un espace où le troupeau malade pourra pâtu-
« rer exclusivement, et le chemin qu'il devra
« suivre pour se rendre au pâturage. Si ce n'est
« point un pays de parcours ou de vaine pâture,
« le propriétaire sera tenu de ne point faire sortir
« de ses héritages son troupeau malade. »

107. ART. 22. «Dans les lieux de parcours ou de
« vaine pâture, comme dans ceux où ces usages
« ne sont point établis, les pâtres et les bergers
« ne pourront mener les troupeaux d'aucune es-
« pèce dans les champs moissonnés et ouverts que
« deux jours après la récolte entière, sous peine
« d'une amende de la valeur d'une journée de
« travail. L'amende sera double, si les bestiaux
« d'autrui ont pénétré dans un enclos rural. »

5

108. Des dispositions précitées il résulte que la quantité de bétail que chaque propriétaire ou fermier peut envoyer au parcours ou à la vaine pâture sur les héritages qui y sont soumis, doit être proportionnelle à l'étendue des terres qu'il exploite ou cultive dans la commune où il exerce son droit ; et cette quantité, déterminée à tant de bêtes par arpent, lorsqu'elle ne peut l'être à l'aide de règlements, usages locaux ou autres documents positifs, doit être fixée par le Conseil municipal. ANNALES DES JUST. DE PAIX, vol. 1859, p. 238.

Toutefois l'article 14 ci-dessus contient une dérogation à ces dispositions en faveur des petits agriculteurs et de ceux même qui ne possèdent ni ne cultivent aucun terrain dans la commune où ils sont domiciliés.

109. La disposition de l'article 13 de la loi de 1791, qui, comme nous l'avons vu, confie au corps municipal le droit de fixer le nombre de têtes de bétail qui peuvent être envoyées au parcours ou à la vaine pâture, et l'article 19 de la loi du 18 juillet 1837, portant que le Conseil municipal délibère sur... le parcours et la vaine pâture, laissent aux Conseils municipaux toute latitude dans cette limitation. Ces lois leur permettent, par suite, de prendre en considération le plus ou

le moins d'abondance des pâturages selon les saisons. *Ibid.* et suiv.

C'est ainsi que la Cour de cassation a déclaré
valable et obligatoire le règlement qui fixe le
nombre de têtes de bétail qui doivent être envoyées
au pâturage, selon les diverses époques de l'année
où a lieu l'exercice de la servitude, par exemple,
à quinze moutons ou brebis par hectare, du
1er juillet au 1er décembre, et à douze seulement
du 1er décembre au 1er juillet. Cass., 3 mai 1850.
Ibid., vol. 1851, p. 116.

110. Mais les Conseils municipaux sont sans
droit pour déterminer et limiter, eu égard à l'é-
tendue des terres soumises à la vaine pâture, la
quantité de bétail que les propriétaires ou fermiers peuvent avoir. Le règlement qui contre-
viendrait aux dispositions de l'article 1er de la
section IV, tit. Ier, de la loi de 1791, d'après lesquelles tout propriétaire est libre d'avoir chez lui
telle quantité et telles espèces de troupeaux qu'il
croit utiles à la culture et à l'exploitation de ses
terres. Cass., 10 mars 1854, ANNALES DES JUST. DE
PAIX, vol. 1854, p. 286.

« Attendu, porte cet arrêt, qu'aux termes de l'article 1er, sect. IV, tit. Ier, de la loi des 28 septembre-
6 octobre 1791, tout propriétaire est libre d'avoir
chez lui telle quantité et telle espèce de troupeaux

qu'il croit utiles à la culture et à l'exploitation de ses terres, et de les y faire pâturer exclusivement, sauf ce qui est réglé relativement au parcours et à la vaine pâture ; — Que si les dispositions de la loi relatives au parcours et à la vaine pâture peuvent modifier la faculté, pour chaque propriétaire, de faire pâturer exclusivement son troupeau sur ses terres, elles n'apportent aucune dérogation au principe en vertu duquel chaque habitant peut avoir chez lui la quantité de bétail qui lui convient ; — Que l'autorité municipale ne peut ni supprimer ni restreindre un droit si formellement consacré par la loi ; — Attendu que le maire de la commune de Villeneuve-de-Rivière n'a donc pu, sans contrevenir à la loi précitée, et sans violer ses dispositions, ordonner que nul propriétaire ne pourrait avoir qu'une seule bête à laine par vingt-huit ares quarante-cinq centiares... »

111. Quand un règlement municipal a déterminé le nombre de têtes de bétail que chaque propriétaire ou fermier peut envoyer à la vaine pâture, nul ne peut, sans contravention, en envoyer un nombre supérieur à celui qui lui est assigné, alors même que le nombre total ne serait pas dépassé, à raison de ce que certains individus n'auraient pas usé de leurs droits. Cass., 3 mai

1850. *Ibid.*, vol. 1851, p. 116 ; 23 févr. 1855, vol. 1855, p. 151.

112. Quand un règlement municipal, approuvé par le préfet, a fixé, proportionnellement à l'étendue du terrain exploité par chaque habitant d'une commune, la quantité de bétail qu'il pourra envoyer au parcours ou à la vaine pâture, il y a contravention de la part de l'habitant qui dépasse le nombre de bestiaux qui lui a été assigné par le règlement, quoique le troupeau commun ne soit pas au complet, eu égard au nombre d'hectares de terre dont se compose le territoire de la commune. Just. de paix de Conty, 13 juin 1849. *Ibid*, 1re série, t. V, p. 286.

Ce jugement, émané de notre honoré ami, M. Lancelle, juge de paix à Cambrai, est conçu d'une manière si remarquable, que nous croyons devoir en extraire les motifs suivants :

« Attendu que le droit de vaine pâture réservé par ladite loi de 1791 aux exploitants, propriétaires ou fermiers, est une sorte de droit d'usage indivisible et inséparable de l'exploitation des terres qui le confère ; — Que ce droit de pâturage sur les terrains des particuliers, après l'enlèvement de la récolte sur les guérêts, chaumes et terres en friche, est fondé sur une association tacite de tous les propriétaires de terres ouvertes

dans la même commune, pour l'exploitation en
commun des produits que fournissent alors spontanément leurs fonds, sans aucun travail de culture, mais que dans cette communauté tacite de
pâturage, dans cette espèce d'association, chacun
ne doit prendre dans l'actif social qu'une part
proportionnelle à son apport personnel, à sa mise
en société, c'est-à dire qu'il ne peut exercer le pâturage que dans la proportion des terres possé-
dées par lui, et qu'il y livre lui-même, conformément aux principes qui régissent le contrat de
société, et dont on retrouve l'application dans l'article 648 du Code Napoléon, lors de la discussion
duquel l'orateur du gouvernement disait avec
raison *que celui qui retire sa mise dans la société
de parcours et vaine pâture ne peut plus rien prétendre dans la mise des autres ;* — Que c'est d'a-
près ces principes que la loi du 28 septembre-
6 octobre 1791 a réglé l'exercice du parcours et
de la vaine pâture ; de là la nécessité, selon le vœu
de l'article 12 de cette loi, de fixer par un règlement la quantité d'animaux que chaque détenteur
pourra envoyer au pâturage, proportionnellement
à l'étendue du terrain de son exploitation ;

« Attendu qu'un tel règlement est le seul
moyen d'éviter les fréquentes contestations et les
nombreuses difficultés que l'exercice arbitraire

de la vaine pâture ferait nécessairement naitre
entre les particuliers, si chaque habitant pouvait
prendre pour règle de son droit le plus ou le moins
d'étendue suivant laquelle d'autres habitants use-
raient de leurs droits ; — Qu'ainsi, lors même
que le nombre total des bestiaux envoyés à la
vaine pâture n'atteint pas celui que l'universalité
des propriétaires ou exploitants pourrait y envoyer d'après le nombre d'hectares de terres ouvertes existant sur le territoire de la commune,
l'excuse tirée de cette circonstance par un habitant qui envoie à la vaine pâture un nombre de
bestiaux supérieur à celui qui lui a été assigné
par le règlement de sa commune, n'est nullement
admissible, car de ce que certains habitants n'use-
raient pas de leur droit, il ne s'ensuit pas que les
autres puissent impunément abuser du leur ; —
Que ce serait rendre inutiles et vaines les dispositions du règlement ;

« Attendu qu'il est de jurisprudence certaine,
consacrée par la Cour de cassation, que les tribunaux de police ne peuvent, sans excès de pouvoir,
interpréter ou modifier les règlements administratifs en matière de parcours et de vaine pâture,
sous prétexte de l'intérêt de l'agriculture ou du
commerce ;

« Attendu que lorsqu'un arrêté ou règlement

municipal a fixé le nombre de bêtes à laine que
chaque propriétaire ou fermier peut envoyer à la
vaine pâture pour chaque hectare de terre qu'il
exploite, reporter cette faculté d'un habitant vers
l'autre, dire que tel pourra en envoyer davantage,
parce que tel autre en envoie moins, et surtout
parce qu'il manquera quelques têtes sur la généralité, ce serait évidemment modifier le règlement,
faire un nouvel arrêté à la place de celui existant ;
ce serait méconnaître tout à la fois la lettre et
l'esprit des lois sur la matière, porter atteinte aux
intérêts et aux droits positifs des communistes ou
associés qui livrent leurs terres à la vaine pâture ;
ce serait enfin mettre le garde champêtre dans
l'impossibilité de constater les contraventions,
puisque, pour les reconnaître, il faudrait nécessairement compter, non-seulement les bestiaux
de chacun séparément, mais encore le nombre
général ayant droit à la vaine pâture ; — Qu'il
faudrait, en outre, connaître exactement la quantité de terres alors ouvertes sur le territoire de la
commune, quantité qui peut changer en plus ou
en moins du matin au soir, de même que le
nombre des bêtes à laine envoyées à la vaine pâture peut changer plusieurs fois par jour ; —
Qu'il résulterait d'un pareil système que tel qui
ne serait pas mis le matin en contravention pour-

rait s'y trouver le soir, à son insu, par suite de la
mise de plusieurs bêtes au troupeau commun de
la part d'un ou de quelques habitants qui jusque-
là auraient négligé de faire usage du droit de vaine
pâture ; — Qu'indépendamment de cet inconvé-
nient et des difficultés pour la solution desquelles
des réductions proportionnelles seraient à opérer
dans les excédants partiels des bestiaux usant de
la vaine pâture, il pourrait arriver que, toutes les
vérifications faites, si cela était possible, le contingent territorial serait trouvé en excédant de
cinq bêtes à laine seulement, tandis que douze
détenteurs de ces animaux auraient dépassé, dans
des proportions égales, leur contigent particulier ;
qu'alors se présenterait la question étrange, quoique facile à résoudre, de savoir si pour *cinq* bêtes
à laine en excédant sur le contingent général, il y
aurait lieu de condamner ces *douze* détenteurs
comme étant en contravention , et de décider
quels seraient ceux d'entre eux qui devraient
diminuer le nombre de leurs bestiaux profitant
de la vaine pâture ;

« Attendu que les arrêtés pris par le Conseil municipal en matière de parcours et de vaine pâture,
et approuvés par le préfet, sont obligatoires pour
les habitants ; qu'il est du devoir des tribunaux de
police de réprimer les contraventions aux arrêtés

pris par l'autorité municipale dans les limites de ses attributions, tant que ces arrêtés n'ont pas été réformés ou annulés par l'autorité administrative supérieure ; — Que ces arrêtés doivent être appliqués purement et simplement, et sont considérés comme règlements de police, dont l'infraction doit être punie par l'application des peines de police prononcées par la loi ;

« Attendu que les lois précitées confient à l'autorité municipale le soin de régler tout ce qui concerne l'exercice de la vaine pâture et du droit de parcours ; d'où suit que le Conseil municipal de Belleuse, dans sa délibération du 19 septembre 1847, et l'autorité préfectorale, en approuvant cette délibération, ont agi légalement et dans l'ordre de leurs attributions ; — Qu'ainsi la quantité de bêtes à laine que chaque propriétaire ou fermier pourra envoyer au parcours ou à la vaine pâture ayant été fixée, par ladite délibération, proportionnellement à chaque hectare de terre par lui exploité, il y a contravention de la part de celui qui dépasse cette quantité, bien que le troupeau commun ne soit pas au complet, eu égard au nombre d'hectares de terres ouvertes existant dans l'étendue du territoire de la commune ; — Que cette prohibition est générale et absolue et s'applique au cas où le bétail est réuni en un troupeau com-

mun, comme au cas où un particulier fait garder
son bétail en un troupeau séparé... »

Décidé dans le même sens que le nombre de
têtes de bétail que les exploitants domiciliés ou
étrangers à la commune ont le droit d'envoyer
au vain pâturage sur le territoire de cette commune ne peut, conformément aux lois des 6 octobre 1791 et 18 juillet 1837, être fixé que par le
Conseil municipal. En conséquence et à défaut
de fixation par ce Conseil, un particulier ne commet aucune infraction punissable, en envoyant à
la vaine pâture un nombre de moutons plus considérable que celui qui lui aurait été indiqué par
le garde champêtre de la commune, un tel avis ne
pouvant équivaloir à l'arrêté en forme que les lois
précitées ont placé dans les attributions du Conseil municipal. *Bulletin des décisions des juges
de paix*, t. V, p. 108 et suiv.

Et il en est ainsi, encore bien qu'un arrêté
préfectoral ait déterminé d'une manière générale
les proportions qui doivent servir de base à la
fixation dont il s'agit, lorsque d'ailleurs cet arrêté
la réserve, ainsi que l'assignation des cantonnements, aux Conseils municipaux. *Ibid*.

Lorsqu'un arrêté municipal interdit le pâturage sur certains chemins de la commune, et
détermine le cantonnement assigné à **chaque**

troupeau, un particulier ne commet aucune contravention en faisant passer son troupeau sur
l'un des chemins dont il s'agit pour accéder du
cantonnement qui lui est assigné à une pièce de
trèfle lui appartenant, lorsqu'il est d'ailleurs
établi par le procès-verbal et les débats que le
troupeau n'a fait que passer rapidement sur le
chemin sans y pacager. *Ibid*.

Les délibérations du Conseil municipal qui
fixent le nombre de têtes de bétail que chaque
exploitant domicilié ou non domicilié dans la
commune pourra envoyer à la vaine pâture, et
qui assignent un cantonnement à chaque troupeau ne deviennent exécutoires qu'après qu'elles
ont été approuvées par le préfet, conformément
à l'article 20 de la loi du 18 juillet 1837. Dès lors,
l'inobservation d'une telle délibération non encore
approuvée ne constitue pas une contravention
punissable. *Ibid*.

113. Un bail écrit n'est pas nécessaire pour
justifier de terres tenues à ferme, et, par suite,
du droit de mener un nombre proportionnel de
bestiaux à la vaine pâture ; il suffit, puisqu'on
peut louer sans écrit ou verbalement, de justifier
du fait d'une exploitation réelle et à quelque titre
que ce soit, pour son propre compte. Même jugement.

114. Les délibérations des Conseils municipaux, par lesquelles ils règlent la quantité de bétail que chaque propriétaire du territoire aura la faculté d'en faire profiter, sont tout aussi obligatoires pour les possesseurs ou fermiers grevés de cette servitude que pour les autres habitants de la commune. — Le contrevenant à une telle délibération dûment approuvée, qui a fait pacager sur une pièce de terre non close un nombre de bestiaux excédant celui qui lui était fixé par le Conseil municipal, ne peut être renvoyé de la poursuite par le motif qu'il est fermier de cette pièce, et que son troupeau y est arrivé sans parcourir d'autres héritages. Cass., 30 déc. 1840, Annales, 1ʳᵉ série, t. V, p. 297.

115. Lorsqu'un arrêté municipal interdit d'une manière générale l'exercice de la vaine pâture avant l'époque qu'il détermine, le juge de police ne peut acquitter le prévenu par le motif que le contrevenant étant propriétaire des prairies sur lesquelles il avait envoyé ses bestiaux, il n'avait fait qu'user du droit qui lui appartient ; ce propriétaire, en effet, ne peut être autorisé à envoyer paître ses bestiaux sur ses terres, pour n'apporter ensuite à la communauté que des terres épuisées. Cass., 8 janvier 1857 ; *ibid*, vol. 1857, p. 207.

116. On a vu ci-dessus que, suivant les dispo-

sitions combinées des articles 12 et 13, section ɪv, titre I, de la loi de 1791, la quantité de bétail que chaque propriétaire ou fermier peut envoyer au parcours ou à la vaine pâture doit être fixée proportionnellement à l'étendue des terres qu'il exploite dans la commune. — Cependant, ces termes de la loi ne doivent pas être pris dans un sens absolu. Le droit au pâturage est fondé sur la règle équitable de la réciprocité, en sorte qu'il est exact de dire que la fixation dont il s'agit doit, en réalité, avoir pour base, non pas l'importance de l'exploitation, mais bien l'étendue des terrains que chacun apporte à la communauté. D'où la conséquence que, pour établir la répartition dont ils sont chargés, les Conseils municipaux ne doivent avoir égard qu'aux héritages sur lesquels le parcours ou la vaine pâture peuvent être exercés. Ainsi, ils ne doivent comprendre ni les vignes, oseraies et autres plantations, ni les terres cultivées en prairies artificielles, ni celles qui sont en état de clôture, puisque, comme on l'a vu précédemment, les unes et les autres sont affranchies de ces deux servitudes. *Ibid.*, vol. 1859, p. 239.

Telle a été évidemment la pensée du législateur de 1791, pensée que les rédacteurs du Code Napoléon ont nettement formulée dans l'article 648, portant : « Le propriétaire qui veut se clore perd

« son droit au parcours et à la vaine pâture,
« *en proportion du terrain qu'il y soustrait.* »
Ibid.

117. Si donc l'exploitation d'un propriétaire
ou fermier dans une commune soumise à la vaine
pâture ou au parcours se composait exclusivement de terrains affranchis de l'un et de l'autre
de ces droits, il ne pourrait envoyer ses bestiaux
au pâturage que sur ces terrains, et n'aurait aucun droit sur ceux de la communauté. *Ibid.*,
p. 240.

118. En principe, le droit de vaine pâture et la
servitude de parcours sur les terres qui y sont
assujetties ne peuvent être exercés qu'à l'égard
des troupeaux ou bestiaux appartenant aux individus qui sont domiciliés dans la commune. Toutefois, l'article 15 de la loi de 1791 a établi une
exception en faveur de ceux qui, quoique n'habitant pas cette commune, y ont une ou plusieurs
exploitations. Cet article dispose ainsi : « Les propriétaires ou fermiers exploitant des terres sur les
paroisses sujettes au parcours et à la vaine pâture, et dans lesquelles ils ne seraient pas domiciliés, auront le droit de mettre dans le troupeau
commun, ou de faire garder par troupeau séparé,
une quantité de têtes de bétail proportionnée à
l'étendue de leur exploitation, et suivant les dis-

positions de l'article 13 de la présente section. »
Ibid.

Or, cette disposition est générale et absolue, et
ne distingue pas entre les bestiaux qui appartiennent à une exploitation située dans la commune
même et ceux qui seraient attachés à une ferme
ou une métairie placée au dehors. Le propriétaire
ou fermier puise son droit dans cette seule circonstance, qu'il cultive des terres dans la commune sur le territoire de laquelle il prétend l'exercer. L'application de ce principe a été faite par
un arrêt de la Cour de cassation du 13 avril 1855
(ANNALES DES JUSTICES DE PAIX, vol. 1856, p. 255),
qui a formellement décidé que le droit de parcours et celui de vaine pâture peuvent être exercés par un propriétaire ou fermier, non domicilié
dans une commune, à raison des terres qu'il y
cultive, et alors même que les bestiaux qu'il y
envoie au pâturage appartiennent à une exploitation dépendant d'une autre commune. *Ibid.*

119. Les bestiaux doivent être envoyés au pâturage, soit en troupeau commun, et sous la
conduite d'un pâtre appartenant à la commune,
soit, même dans les pays soumis à l'usage du
troupeau commun, sous la conduite d'un gardien particulier. *Ibid.*

120. Et il importe de remarquer que tout pro-

priétaire ou fermier qui n'use pas individuellement de la faculté que lui accorde cet article de participer par troupeau séparé au droit de parcours ou à celui de vaine pâture, ne peut en jouir qu'en mettant son bétail dans le troupeau commun. Aussi la Cour de cassation a-t-elle décidé qu'il n'est pas permis à deux particuliers, ou à un plus grand nombre, de rendre cette disposition inefficace en plaçant les bestiaux qui leur appartiennent sous la conduite d'un berger par eux choisi, et de former ainsi un second troupeau commun. Cass., 9 févr. 1838, ANNALES DES JUST. DE PAIX, 1re série, t. V, p. 305.

121. Mais il y a exception à cette règle dans le cas prévu par l'article 14 de ladite loi. En effet, on a vu que cet article autorise la réunion en troupeau commun des bestiaux pour lesquels il accorde le droit de pâturage aux petits cultivateurs et aux individus qui ne possèdent ni ne cultivent aucun terrain dans les communes sujettes au parcours ou à la vaine pâture. *Ibid.*, vol. 1859, p. 241.

121 *bis.* La Cour de cassation a même décidé que cette faculté peut être exercée aussi par les propriétaires et fermiers dont s'est occupé l'article 15, ceux exploitant des terres sur des paroisses sujettes au parcours et à la vaine pâture et dans lesquelles ils ne seraient pas domiciliés, lesquels

6

propriétaires et fermiers sont aussi autorisés à
réunir les troupeaux en un seul, sous la garde
d'un pâtre de leur choix. Cass., 8 mai 1838,
ANNALES DES JUSTICES DE PAIX, 1ʳᵉ série, t. I, p. 41.

Mais la doctrine qui ressort de cet arrêt, et
qu'adopte M. Coin-Delisle (*Encyclop. des juges
de paix*, t. V, p. 265, v° *Vaine pâture*, sect. II,
n° 47), nous paraît contestable. L'article 15 n'est
pas conçu dans les mêmes termes que l'article 14.
Cet article dispose formellement que les particuliers dont il s'occupe pourront mettre sur les
terrains du parcours ou de la vaine pâture leurs
bestiaux, soit par troupeau séparé, soit *en troupeau en commun*, tandis que l'article 15 porte que
les propriétaires ou fermiers non domiciliés auront
le droit de mettre leurs bestiaux *dans le troupeau
commun* ou de les faire garder par troupeau
séparé. Mettre ses bestiaux *dans le troupeau
commun* n'est autre chose, croyons-nous, que de
les placer sous la conduite du pâtre communal.
Cette faculté, concédée aux cultivateurs forains,
est la même que celle accordée par l'article 12 aux
propriétaires et fermiers domiciliés. Pas plus que
ceux-ci, ceux-là n'ont, ce nous semble, le droit
de former, pour eux seuls ou pour plusieurs
d'entre eux, un second troupeau commun. AN-
NALES, vol. 1859, p. 241.

Jugé dans ce sens qu'il résulte des termes de l'article 12, section IV, titre I, de la loi des 28 septembre-6 octobre 1791, que plusieurs propriétaires d'une commune soumis à la vaine pâture ne peuvent envoyer leurs troupeaux sur les héritages grevés de cette servitude qu'en les mettant dans le troupeau commun, ou en les plaçant chacun sous la conduite d'un pâtre individuel. Ils sont sans droit pour en confier la garde à un seul berger, et pour établir ainsi, en dehors du troupeau communal, un autre troupeau collectif. Trib. de police du canton de Gamaches (Somme), 26 mai 1860; BULLETIN DES DÉCISIONS DES JUGES DE PAIX, t. III, 1861, p. 31.

En conséquence, le fait par divers propriétaires d'avoir établi entre eux cet autre troupeau collectif, alors qu'il existe un arrêté municipal autorisant l'usage du troupeau commun, même par section, en faveur de ceux qui en feraient la demande, constitue une infraction à cet arrêté, laquelle est punissable, non en vertu de la loi précitée, mais conformément à l'article 471, n° 5, du Code pénal. *Ibid*.

122. L'article 15 porte, dans sa partie finale, que les propriétaires ou fermiers ne pourront céder leurs droits à d'autres.

Ce principe, bien qu'énoncé seulement à

l'égard des ayants droit non domiciliés, s'applique également aux agriculteurs ayant leur domicile dans la commune assujettie, puisque les droits dont il s'agit sont attachés à l'exploitation effective des terres, et que la quantité du bétail qui peut en profiter se détermine uniquement d'après l'importance de cette exploitation. Aussi la Cour de cassation a-t-elle décidé, d'une manière générale, que l'exercice et l'usage des droits de parcours et de vaine pâture sont inséparables de l'exploitation qui les confère, et ne peuvent être par conséquent l'objet d'aucune cession en faveur d'un cultivateur habitant ou n'habitant pas la commune où ces droits doivent être exercés. Cass., 16 juin 1848, ANN. DES JUST. DE PAIX, 1re série, t. V, p. 295.

123. Quand un règlement du Conseil municipal, approuvé par le préfet, a déterminé les individus qui ont exclusivement droit au parcours sur les landes de la commune, il n'appartient pas au tribunal de police d'admettre d'autres individus à la jouissance de ce droit, et, par exemple, d'en faire jouir les habitants d'une commune voisine, alors que le droit a été restreint aux habitants de la commune dans le territoire de laquelle les landes sont situées. — Le droit de parcours sur un terrain communal, reconnu par

arrêté, au profit des habitants seuls de la commune ne peut être réclamé et exercé par un habitant d'une commune voisine, quoiqu'il possède des biens et qu'il réside quelquefois dans la première. Cass., 11 février 1839, ANNALES, 1ʳᵉ série, t. V, p. 283.

Jugé encore que la vaine pâture, sur les biens purement communaux, peut être défendue à ceux qui n'habitent pas la commune, alors même qu'ils y exploiteraient des terres; que ceux-ci ont bien le droit de vaine pâture, à titre de propriétaires ou de fermiers, sur les territoires soumis, et à titre de réciprocité; mais qu'il n'en est pas de même des biens communaux, qui peuvent être exclusivement réservés aux habitants. Cass., 21 février 1863; ANN. DES J. DE PAIX, 1863, cahier de juin, p. 199.

Et en effet, si, d'après l'article 15 de la loi du 28 septembre 1791, la dépaissance sur les territoires soumis à la vaine pâture et au parcours appartient à tous propriétaires et fermiers qui y exploitent des terres, les mêmes usages ne peuvent être revendiqués par eux sur les biens purement communaux; il est certain que la vaine pâture et le parcours, véritables communautés tacites de pâturage, impliquent une réciprocité absolue entre tous les possesseurs des héritages ouverts, tandis que, par leur nature, les communaux constituent la propriétés exclusive des résidants dans la commune, et par conséquent, aux termes des articles 1ᵉʳ de la loi du 10 juillet 1793 et 542 du Code Napoléon, les *habitants* seuls peuvent avoir droit à leur jouissance.

124. Les habitants d'une section de commune peuvent mener paître leurs troupeaux sur la totalité du territoire de la commune, lorsqu'il n'existe aucune prohibition à cet égard dans l'acte administratif portant règlement du droit de vaine pâture. Cass., 28 avril 1848, ANNALES, 1ʳᵉ série, t. V, p. 305.

125. L'étranger qui a son domicile réel et fixe dans la commune peut participer à la jouissance des pâturages communaux, sans qu'il ait à justifier soit qu'il s'est fait naturaliser Français, soit qu'il a obtenu du gouvernement l'autorisation d'établir son domicile en France. Cass., 21 juin 1861. *Ibid.*, vol. 1862, p. 18.

Par l'arrêt qui a donné lieu à cette décision, la Cour de cassation tranche très-nettement une question fort controversée, celle de savoir si l'habitant d'une commune peut, quoique d'origine étrangère, participer à la jouissance des droits d'affouage attribués aux domiciliés par l'ar-

ticle 105 de la loi forestière, et à celle des pâturages communaux, sans avoir été naturalisé
Français, et même sans avoir régulièrement obtenu du gouvernement l'autorisation d'établir son
domicile en France.

Cet arrêt est important; il est ainsi conçu :

« Attendu que tous les habitants, chefs de
maison ou famille, ont le droit de prendre part
à la jouissance du pâturage et de l'affouage sur les
biens communaux réservés à cet effet, s'ils ont le
domicile réel et fixe dans la commune, exigé par
l'article 105 du Code forestier ; — Qu'il n'y a pas
à imposer aux habitants d'origine étrangère la
condition, dont ne parle pas cet article, de s'être
fait naturaliser Français ou au moins d'avoir
obtenu du gouvernement l'autorisation d'établir
leur domicile en France ; que, la jouissance des
pâturages communaux et de l'affouage pouvant
servir aux intérêts de l'agriculture et à l'utilité
des maisons et des terres, il convient d'en faire
profiter tout habitant qui occupe ou exploite
des maisons ou des héritages sur le territoire,
quelle que soit sa qualité ; — Que la loi du 10 juin
1793, sect. ii, art. 1, 2 et 3, qui exige la qualité
de citoyen français, reste ici sans application ; que
ses dispositions se réfèrent uniquement au partage
du fonds même des biens communaux, et laisse

en dehors la simple jouissance, ainsi qu'il résulte de l'article 15 de la section III ; que les étrangers, à qui nos lois permettent d'être propriétaires ou fermiers en France, doivent, comme tous les autres habitants, participer à l'usage des droits de pâturage et d'affouage sur les biens de leur commune ;

« Et attendu qu'il est admis, en fait, par le jugement attaqué, que le défendeur Cazanova, Espagnol d'origine, habite depuis quarante ans la commune d'Ancizan, et qu'il y possède et y exploite des terres ; — Qu'en décidant, par suite, qu'il avait pu, sans encourir aucune peine, faire paître son troupeau sur le pâturage communal, quoiqu'il n'eût été ni naturalisé Français, ni autorisé par le gouvernement à établir son domicile en France et à y jouir des droits civils, et que le règlement municipal eût imposé la première de ces conditions à l'exercice du pâturage par l'habitant d'origine étrangère, le jugement attaqué n'a violé aucune loi... »

125 *bis*. Jugé dans le même sens, que l'étranger, même non autorisé à établir son domicile en France, conformément à l'article 15 du Code Napoléon, a droit à l'affouage dans la commune où il est chef de famille ou de maison ayant domicile réel et fixe, l'article 105 du Code forestier ne

subordonnant le droit à l'affouage qu'à cette
unique condition. Cass., 31 décembre 1862;
Annales des just. de paix, 1863, p. 212.

Cette jurisprudence, nous le répétons, est vive-
ment controversée; mais comme elle a notre
complet assentiment, nous croyons devoir, pour
la justifier, faire ci-après un examen attentif de
la question dont il s'agit.

Les conditions de la participation à l'affouage
communal sont énoncées dans les articles 103 et
105 du Code forestier. — D'après l'article 103, les
coupes de bois destinées à être partagées en nature pour l'affouage des *habitants*, etc. » Et aux
termes de l'article 105 : « S'il n'y a titre ou usage
contraire, le partage des bois d'affouage se fera
par feu, c'est-à-dire par chef de famille ou de
maison ayant domicile réel et fixe dans la commune. » — Les termes mêmes de ces articles
indiquent que la seule condition d'aptitude,
exigée pour participer à l'affouage, est la qualité
d'habitant, et que celui-là est réputé habitant
qui a domicile réel et fixe, ou, ce qui revient au
même, d'après l'article 105, celui qui a feu dans
la commune. Mais en dehors de cette condition
qu'ils imposent, les termes de la loi ne comportent
aucune restriction tirée de la nationalité du chef
de famille. Dans le silence du législateur, on ne

saurait suppléer une incapacité et prononcer une déchéance.

Aussi n'est-ce pas à l'aide des termes de l'article 105 que l'opinion contraire à notre doctrine cherche à justifier ses prétentions. Elle soutient que la législation antérieure au Code forestier excluait les étrangers de toute participation, soit à la propriété, soit à la jouissance des bois communaux, et que l'article 105 étant muet sur ce point, a entendu maintenir cette exclusion.

La conséquence ne serait pas exacte. Les articles 103, 105 et suivants, relatifs à l'affouage, ont précisément eu pour but de codifier cette matière, et ils ont posé des règles uniformes, en harmonie avec notre nouveau droit civil, soit sur le mode de distribution de l'affouage, soit sur les conditions de la participation de la jouissance affouagère. Si donc, dans ces articles, aucune disposition n'a été édictée contre l'étranger, on ne saurait la suppléer dans le Code forestier, en l'empruntant à d'anciens monuments législatifs, qu'il a eu précisément pour but et pour effet d'abroger. Les termes de l'article 218 du Code forestier ne laissent aucun doute à cet égard : « Sont et demeurent abrogés pour l'avenir, porte cet article, toutes lois et ordonnances, édits et déclarations, arrêts du conseil, arrêtés et décrets, et tous règlements intervenus, à quelque époque que ce soit, sur les matières réglées par le présent Code, en ce qui concerne les forêts. »

D'ailleurs, est-il vrai qu'à l'époque où fut promulgué le Code forestier, il fût interdit à l'étranger de prendre part à la jouissance des bois communaux. On ne saurait faire résulter cette interdiction de la loi du 10 juin 1793. Cette loi, concernant le mode de partage des biens communaux, portait, il est vrai, article 1, section II, que « le partage des biens communaux serait fait par tête d'habitant domicilié, de tout âge et de tout sexe, absent ou présent. » Et l'article 3 définissait ainsi l'habitant : « Tout citoyen français, domicilié dans la commune un an avant le jour de la promulgation du décret du 24 août 1792, etc. » Mais il est aujourd'hui universellement reconnu que cette loi, encore empreinte de la rigueur de l'ancien droit à l'égard des étrangers, n'était relative qu'au partage de la propriété et non point de la simple jouissance des biens communaux (arrêt de la Ch. crim. du 21 juin 1861, ci-dessus, n° 125.)

S'il n'est pas permis d'argumenter de la loi de 1793, à l'appui de l'opinion contraire à notre doctrine, peut-on du moins invoquer la loi du 26 nivôse an II et l'arrêté consulaire du 19 fri-

maire an X, comme ayant frappé d'incapacité
les étrangers? En aucune façon. En effet, quelle
était, en premier lieu, la portée de la loi de
l'an II et de l'arrêté de l'an X? A l'époque où ils
sont intervenus, l'affouage se répartissait généralement par feu, c'est-à-dire, « selon le seul
mode équitable de partage en matière d'affouage,
puisqu'il proportionne la distribution aux vrais
besoins de la famille, sans favoriser exclusivement
les plus gros propriétaires ou les prolétaires. » La
convention voulut emprunter à la loi de 1793, en ce
qui concerne « le partage de la coupe des bois communaux, » le mode suivi pour le partage du
fonds lui-même, et c'est dans ce but qu'elle se
bornait à dire, dans l'article unique de la loi de
l'an II : « Les bois actuellement coupés, provenant des bois communaux, doivent se partager
par tête, conformément au décret du 10 juin
dernier. »

Mais rien, dans cette loi de l'an II, n'indique,
de la part du législateur, l'intention de reproduire, en ce qui concerne la distribution de
l'affouage, toutes les dispositions des cinq sections
de la loi de 1793, et notamment de l'article 3,
section II, qui est relatif à la définition du mot
habitant, et à l'exclusion de l'étranger.— Ensuite,
quelle qu'eût été la portée de la loi de l'an II et

de l'arrêté consulaire de l'an X, ces dispositions législatives ne seraient plus applicables aujourd'hui, car elles ont été doublement abrogées.

D'une part, en effet, cette abrogation résulte : de l'article 3 du Code Napoléon, qui dispose que « les immeubles, même ceux possédés par des étrangers, sont régis par la loi française; » de l'article 11 du même Code, aux termes duquel « l'étranger jouira en France des mêmes droits civils que ceux qui sont ou seront accordés aux Français par les traités de la nation à laquelle cet étranger appartiendra ; » de l'article 13, aux termes duquel : « l'étranger qui aura été admis par l'autorisation du roi à établir son domicile en France, y jouira de tous les droits civils, tant qu'il continuera d'y résider; » enfin de l'article 542 du même Code qui, tout en s'inspirant de la loi de 1793 pour définir la commune, ne reproduit pas l'article 3, section II, par lequel cette loi excluait de la définition du mot *habitant* toutes autres personnes que les citoyens français.

D'autre part, cette abrogation résulte encore des lois postérieures au Code. En effet, les décrets du 9 brumaire an XIII, des 20 juin 1806, 20 juillet 1807 et 26 avril 1808, ont supprimé le mode de partage par tête, de la coupe affouagère, introduit par la loi de l'an II et l'arrêté de l'an X, pour en revenir à l'usage généralement adopté de partager les bois d'affouage par feu et par chef de famille. Et l'on ne saurait équivoquer sur la portée de ces décrets, car de deux choses l'une : ou bien la loi de nivôse an II n'avait emprunté à la la loi de 1793 que l'article 1, section II, relatif au mode de distribution de l'affouage, sans lui emprunter, en outre, l'article 3 qui exclut les étrangers du partage de la propriété communale; ou bien elle lui avait, en outre, emprunté implicitement cette dernière disposition.

Dans le premier cas, les décrets précités de l'an XIII, de 1806, 1807 et 1808 n'ont pu, en abrogeant la loi de l'an II, laisser subsister dans cette loi une prohibition qu'elle-même n'avait pas reproduite de la loi de 1793. Dans le second, ces décrets, abrogeant l'article unique de la loi de l'an II pour substituer au partage par tête d'habitant le partage par feu, n'ont pu laisser subsister dans cette loi une disposition isolée, relative à la disposition du mot *habitant,* qui n'a sa raison d'être, dans la loi du 10 juin 1793, que comme complément de l'article 1 de cette loi, aux termes duquel le partage se faisait par tête d'habitant. C'est donc par une assertion qui n'est pas justifiée que l'on croit pouvoir déclarer que, « ce point excepté, ces lois sont demeurées en vigueur, notamment en ce qui concernait les étrangers. »

La loi impose-t-elle, du moins, à l'étranger, pour l'admettre à participer à l'affouage, la nécessité d'une autorisation de fixer son domicile en France ? — La négative est conforme à tous les principes du Code Napoléon et à ceux du Code forestier, qui permettent à un étranger d'avoir : 1° un domicile légal en France ; 2° et spécialement le domicile d'affouage dont parle l'article 105.

Pour soutenir que l'étranger ne peut être domicilié légalement en France, en dehors du cas prévu par l'article 13 du Code Napoléon, on argumente des termes de l'article 102, qui ne fait mention que des Français ; et de l'avis du 20 prairial an XI, qui décide que l'autorisation du gouvernement est nécessaire pour commencer le stage de dix ans, exigé par la constitution de l'an VIII, en matière de naturalisation.

Mais l'article 102, en parlant du Français seul, statue sur le cas le plus général et a d'ailleurs pour objet d'écarter et de réserver la question relative au domicile politique, question qui évidemment ne pouvait se présenter que pour le Français seul ; et quant à l'avis du Conseil d'Etat de l'an XI, qui n'a pas été inséré au *Bulletin des lois*, cet avis n'est, dans tous les cas, relatif qu'au

domicile exigé par la constitution de l'an **VIII**
pour l'obtention de la naturalisation. — En second lieu, et en admettant même que l'étranger
ne puisse avoir en France le domicile dont parle
l'article 102 du Code Napoléon, toujours est-il
qu'il peut avoir dans une commune le domicile
d'affouage. — Dans le système contraire à notre
doctrine on est bien forcé de reconnaître qu'à
certains égards l'étranger peut être regardé
comme domicilié en France. Ainsi, s'agit-il de
déterminer le lieu où s'ouvrira sa succession, ou la
compétence des tribunaux qui doivent connaître
d'actions personnelles dirigées contre lui ; s'agit-il
de lui faire des significations, par exemple, de lui
notifier, comme dans l'espèce, un arrêt d'admis-
sion, on considère comme son domicile le lieu où
il a son principal établissement, où il exerce sa
profession, où se trouve le centre de ses affaires
et de ses affections. Or, ces mêmes circonstances
ne suffisent-elles pas pour constituer le domicile
dont parle l'article 105 du Code forestier ? — Les
motifs de cet article et le sens des mots *domicile
réel et fixe* dont il s'est servi, sont faciles à saisir.
Que l'on regarde le droit à l'affouage comme un
droit réel ou qu'on l'envisage comme le droit d'un
associé sur le produit du patrimoine de la société,
toujours est-il que ce droit n'a rien de politique ;

qu'il a pour objet l'attribution d'une certaine quantité de bois de chauffage, et qu'il peut, par conséquent, appartenir à des individus qui, aux termes de la loi française, peuvent avoir non-seulement la jouissance, mais encore la propriété de biens situés en France (art. 3 C. Nap.). De plus, l'affouage étant par sa nature destiné à subvenir aux besoins de chaque famille ou de chaque feu établis dans la commune, si l'on permet à l'étranger de se fixer dans cette commune on doit lui accorder les mêmes moyens qu'aux Français de subvenir à ces mêmes besoins. Enfin, la participation à l'affouage n'étant qu'une conséquence du principe qui veut que celui qui supporte les charges communales ait droit aux avantages communaux, si l'étranger est considéré comme habitant ou associé, quant aux charges à supporter, il doit aussi être réputé habitant ou associé quant aux bénéfices à partager. — Il résulte d'ailleurs, des termes mêmes de l'article 105 du Code forestier, que c'est à la résidence et au domicile de consommation plutôt qu'au domicile purement civil qu'il faut s'attacher pour savoir si un individu peut ou non prétendre à la distribution des coupes affouagères. En effet, cet article, après avoir dit d'une manière générale, que l'affouage se répartit par chef de famille, ayant feu dans la

7

commune, ajoute, comme équivalent, les mots ayant *domicile réel et fixe* dans la commune, et pour bien indiquer que ces expressions sont synonymes dans sa pensée, il se sert du mot *c'est-à-dire* pour les relier les unes aux autres. Or, s'il est vrai qu'il suffise d'être chef de famille et d'avoir feu dans la commune, est-ce que l'étranger ne peut pas jouir de cette double qualité ? Quelle loi lui défend d'être chef de famille en France et d'y être propriétaire, fermier ou locataire de maison ? — En résumé, ni le Code forestier ni la législation antérieure à ce Code, ne peuvent être invoqués à l'appui d'un système qui exclurait les étrangers de la distribution de l'affouage et les dispositions du Code forestier, comme les principes du Code Napoléon, commandent au contraire de faire cette distribution entre tous les habitants indistinctement, français ou étrangers.

126. Les propriétaires des terres soumises au parcours et à la vaine pâture ne peuvent faire pacager exclusivement leurs bestiaux que lorsqu'elles sont closes. Cass., 30 déc. 1840. Annales des j. de paix, 1ʳᵉ série, t. V, p. 297.

127. Nous avons vu qu'en vertu de l'article 15, section i, titre I du décret de 1791, dans une commune assujettie à la vaine pâture, les exploitants forains peuvent envoyer en pâturage

leurs bestiaux aux mêmes époques et aux mêmes conditions que les exploitants domiciliés.

L'usage, même immémorial, qui permettrait aux seuls exploitants domiciliés de conduire leurs bestiaux sur les prés ouverts, aussitôt après la récolte de la première herbe, et interdirait aux exploitants forains d'y mener les leurs avant le 11 novembre, encore que ceux-ci se fussent conformés à cet usage jusqu'à ce jour, contrarierait-il la disposition de l'article 15 ?

L'arrêté municipal qui ferait la même distinction serait-il illégal, et par suite non obligatoire ?

A défaut d'arrêté municipal, réglant l'exercice de la vaine pâture, quant à la quantité proportionnelle de têtes de bétail que chacun pourra y envoyer, eu égard à la quantité de terre qu'il exploite dans la commune, l'exploitant forain a-t-il le même droit que l'exploitant domicilié de faire pâturer sur les terres de la commune ses bestiaux, quel qu'en soit le nombre ?

128. Si, en principe, le droit de vaine pâture sur les terres qui y sont assujetties appartient spécialement aux troupeaux et bestiaux des individus qui sont domiciliés dans la commune, l'article 15 du décret de 1791 a établi une exception en faveur de ceux qui, quoique non domiciliés dans la commune, y exploitent des terres, qu'ils

en soient propriétaires ou seulement fermiers. La disposition de cet article accorde aux exploitants forains *le même droit* qu'aux habitants de la commune de mettre dans le troupeau commun, ou de faire garder par un troupeau séparé, la quantité proportionnelle de têtes de bétail fixée par le Conseil municipal, en vertu de l'article 13. Ces expressions: *le même droit*, ne laissent aucun doute sur son étendue. Il y a communauté de pâturage entre l'exploitant domicilié et l'exploitant forain, et tous ensemble, et au même titre, en jouissent, à raison des avantages que chacun d'eux apporte à la communauté. ANNALES, vol. 1861, p. 38.

129. Il ne faut pas perdre de vue que le droit au vain pâturage est fondé sur la règle équitable de la réciprocité, en sorte qu'en réalité il a pour base, non le domicile ou l'habitation, non pas même l'importance de l'exploitation proprement dite, mais l'étendue des terrains que chacun apporte à la communauté. Or, c'est précisément en vue de consacrer cette règle que le législateur de 1791 a édicté la disposition de l'article précité, laquelle, comme nous l'avons déjà fait remarquer, confère aux exploitants forains *le même droit*, c'est-à-dire un droit égal à celui que les articles 3 et 13 attribuent aux exploitants domiciliés. *Ibid.*, p. 40.

Cet article 3 subordonne, à la vérité, l'exercice de la vaine pâture à l'observation des règles et usages locaux que, dès lors, il maintient, mais en tant seulement que ces règles et usages ne contrarieraient point les réserves portées dans les autres articles de la section. *Ibid.*, p. 41.

130. Nous comprendrions parfaitement que l'usage local s'opposât à ce que la vaine pâture fût exercée sur les prairies naturelles avant le 11 novembre de chaque année pour quelque bétail que ce fût, et un tel usage aurait force de loi, car l'article 10 en maintient surabondamment l'effet obligatoire, mais c'est à la condition qu'une telle restriction serait générale et s'appliquerait à tous les ayants droit, exploitants forains ou domiciliés. *Ibid.*

Le droit de ceux-ci est le même que le droit de ceux-là, avons-nous dit. L'un et l'autre ont la même base : l'exploitation dans la commune; ils peuvent avoir la même origine : la coutume, ou l'usage immémorial, à défaut de titre particulier. Or, à supposer que l'usage le refusât aux exploitants non domiciliés, l'article 15 de la loi de 1791 serait venu l'établir; d'où la conséquence que cet usage ne pourrait pas plus le restreindre ou l'amoindrir pour ceux-ci que le leur supprimer. *Ibid.*

131. Le législateur de 1791 n'a pas voulu que les cultivateurs étrangers à la commune, qui, en définitive, apportent leur contingent au vain pâturage, fussent plus maltraités que les exploitants domiciliés. Il est certaines communes en France, et pour notre part nous en connaissons plusieurs, dont les terres, pour la majeure partie, sont annexées à des fermes dont le corps principal, et l'habitation du fermier, par conséquent, sont situés dans une localité différente. Or, s'il était admis que ces exploitants forains n'auraient pas droit à la vaine pâture, ou qu'on pourrait ne leur accorder ce droit qu'à une époque beaucoup plus tardive de l'année, il en résulterait qu'un usage local pourrait singulièrement restreindre le droit de ceux-là même qui apportent à la vaine pâture son plus fort contingent, en ne leur permettant d'y conduire leurs bestiaux que tardivement, c'est-à-dire alors que, depuis longtemps déjà, ceux des domiciliés, exploitants ou non, auraient profité du pacage. Un pareil usage serait aussi contraire à la raison qu'aux règles de la plus simple équité. Mais si, par impossible, la loi de 1791 l'avait trouvé debout, les dispositions combinées des articles 3 et 15 de cette loi auraient précisément eu pour but de le faire cesser, car, encore une fois, il serait inconciliable avec la réserve contenue en -

ce dernier article, et tendrait à s'écarter de la base même de la servitude, en faussant la règle de la réciprocité. *Ibid.*

132. Peut-on mener à la vaine pâture des oies, des chèvres et des porcs?

On n'admet généralement pas à la vaine pâture les oies, les chèvres, les porcs, ou du moins on ne les tolère que sur les jachères et sur les terres en friche, mais non sur les prés. Ces animaux étaient l'objet de dispositions spéciales dans les Coutumes de Normandie, art. 84 ; de l'Orléanais, art. 155 ; de Sens, art. 150 ; de Melun, art. 305. Une ordonnance de l'intendant de Champagne, du 7 octobre 1733, les excluait du parcours. Vaudoré, t. I, n° 314. *Ibid.*, 1851, p. 17.

Cependant le fait d'avoir mené des oies sur les prés, n'étant puni par aucun article de loi pénale, donnerait lieu tout au plus à une action civile, mais ne pourrait constituer une contravention en l'absence d'un règlement ou d'un arrêté du Conseil municipal sanctionné par le préfet. Il ne serait pas, par conséquent, punissable. *Ibid.*

133. Lorsqu'aucun cantonnement n'a été affecté aux troupeaux pour le pâturage, il est incontestable que les propriétaires peuvent les envoyer sur toutes les parties du territoire assujetties au parcours ou à la vaine pâture, et c'est

ce qui a été décidé dans une espèce où il s'agissait de bestiaux dépendant d'une section de commune. Cass., 28 avr. 1848, ANNALES DES JUST. DE PAIX, 1ʳᵉ série, t. V, p. 305.

Mais on a vu précédemment que l'article 19 du titre I de la section ɪᴠ de la loi de 1791 charge l'autorité municipale du soin d'assigner aux troupeaux malades, sur le terrain du parcours ou de la vaine pâture, un espace où ces troupeaux doivent exclusivement pâturer ; et ce cas n'est pas le seul où des cantonnements puissent être affectés aux bestiaux. Par arrêté du 9 février 1849, la Cour impériale de Nancy a décidé que le pouvoir municipal peut légalement partager les terrains soumis à l'exercice du droit de vaine pâture en divers cantonnements, et affecter chacun de ces cantonnements à l'usage exclusif du hameau le plus voisin. *Ibid.*, vol. 1859, p. 246.

Cette doctrine est incontestable, croyons-nous, car la mesure dont il s'agit a évidemment pour but et pour effet de faciliter dans l'intérêt de tous, l'exercice de la servitude, notamment dans les localités qui se composent de plusieurs hameaux fort éloignés les uns des autres, et par conséquent des terrains qui y sont assujettis. *Ibid.*

134. La même solution nous semble résulter implicitement d'un arrêt du 15 juillet 1843 (Aɴ-

NALES DES JUST. DE PAIX, 1ʳᵉ série, t. **V**, p. 298), par lequel la Cour de Cassation a jugé que, *si les délibérations d'un Conseil municipal sont obligatoires aux termes des articles 19 et 20 de la loi du 18 juillet 1837, en ce que, réglant le parcours et la vaine pâture sur le territoire de la commune, elles ont affecté un cantonnement pour chaque troupeau,* un berger n'a cependant commis aucune infraction punissable en conduisant le troupeau de son maître d'un cantonnement à un autre, lorsqu'il est établi que ce troupeau a été trouvé sur une pièce de terre dépouillée de foin artificiel, et que pour y arriver il n'a passé sur aucune terre sujette à la vaine pâture. *Ibid.*

135. L'individu qui conduit ses bestiaux au pâturage sur des terrains compris dans un cantonnement autre que celui qui lui est assigné par un règlement municipal, commet-il une simple infraction à un règlement qui le rend punissable de l'amende prononcée par l'article 471, n° 15, du Code pénal, ou bien est-ce là un fait de pacage sur le terrain d'autrui qui motive contre lui l'application de l'article 479, n° 10, dont les pénalités sont plus sévères?

On peut dire que ce fait ne peut être assimilé au pacage des bestiaux sur des terrains non gre-

vés de la servitude de vaine pâture, car le règlement municipal qui attribue à divers troupeaux
des cantonnements respectifs a pour effet, non de
prohiber absolument le pâturage sur tels et tels
terrains, non de les en affranchir, mais d'en opérer, en quelque sorte, la répartition entre les divers troupeaux, avec défense de conduire les uns
sur des terres affectées à la dépaissance des autres,
et que, dès lors, le fait de passer d'un cantonnement à un autre constitue une simple contravention au règlement, qui doit trouver sa répression
dans la disposition du n° 15 de l'article 471. *Ibid.*,
p. 247.

136. Cette doctrine semble résulter de l'arrêt
du 15 juillet 1843, que nous venons de citer, car
la Cour vise cette disposition comme étant celle
dans laquelle les délibérations qui étaient invo-
quées à l'appui de la poursuite doivent trouver
leur sanction. Cependant l'opinion contraire,
d'ailleurs adoptée par MM. Curasson sur Proudhon (*Traité du droit d'usage*, t. I, p. 593) et Dalloz (*Nouv. Répert.*, t. XIV, p. 438, v° *Contravention*, n° 497), a été sanctionnée par un autre
arrêt de la Cour suprême, rendu le 30 août 1834
(ANN. DES JUST. DE PAIX, 1re série, t. V, p. 306),
par conséquent depuis la loi du 28 avril 1832,
qui a introduit au Code pénal la disposition de

cet article, qui forme aujourd'hui le numéro 10 de l'article 179. *Ibid.*

Cette opinion nous semble plus conforme aux principes et plus en harmonie avec l'esprit de cette disposition. En effet, dès l'instant qu'on reconnaît au pouvoir municipal le droit d'affecter à chaque troupeau un cantonnement spécial et d'y interdire le pâturage aux autres troupeaux, on est forcé de reconnaître aussi que les héritages dont ce cantonnement se compose sont bien véritablement le terrain d'autrui dans le sens de la loi, puisque, cessant d'être commun, le pâturage y devient le domaine exclusif d'un seul. Or, la disposition générale du numéro 15 de l'article 471 du Code pénal ne reçoit application qu'autant que la violation d'un règlement ou arrêté municipal ne constitue pas une contravention réprimée par une disposition spéciale de ce Code ou de toute autre loi. *Ibid.*

137. Ajoutons que, lorsqu'un troupeau conduit sur un cantonnement autre que celui qui lui a été assigné est atteint de maladie contagieuse, le fait constitue le délit rural que prévoit l'article 23 du titre II de la loi des 28 septembre et 6 octobre 1791, et qu'il réprime d'une amende proportionnelle au nombre de têtes de bétail dont se compose le troupeau, laquelle doit être prononcée

soit par le tribunal de simple police, soit par le tribunal de police correctionnelle, selon qu'elle n'excède pas 15 francs ou qu'elle est supérieure à ce taux. *Ibid*.

138. Lorsqu'un détenteur ou gardien d'animaux soupçonnés d'être infectés de maladie contagieuse n'en a point averti le maire de la commune où ils se trouvent, et quand, même avant la réponse du maire, il n'a point tenu ces animaux renfermés, ou encore lorsqu'il a contrevenu aux défenses de l'administration en les laissant communiquer avec d'autres, le fait constitue un délit punissable correctionnellement, et, suivant le cas, des peines prononcées par les articles 459, 460 ou 461 du Code pénal. *Ibid*.

CHAPITRE V.

De la réglementation des droits de parcours et de vaine pâture; attributions respectives des maires et des Conseils municipaux.

139. Nous avons exposé les principes et les règles qui régissent la vaine pâture et le parcours, indiqué quels héritages sont soumis à ces servitudes, ceux qui en sont affranchis, ainsi que les conditions et les restrictions que la loi a apportées à leur exercice. Il nous reste à faire connaître, et c'est là ce qui rentre plus particulièrement dans notre sujet, les mesures qui sont du domaine du pouvoir réglementaire en distinguant, quant à cette matière toute spéciale, les attributions de l'autorité municipale proprement dite, c'est-à-dire des maires, de celles dévolues aux Conseils municipaux. ANN. DES JUST. DE PAIX, vol. 1859, p. 242.

En matière de vaine pâture et de parcours, le pouvoir des maires n'est point exclusif. Les Conseils municipaux ont reçu diverses attributions que ceux-ci ne sauraient valablement exercer. *Ib*.

140. Ainsi on l'a vu, ces Conseils sont seuls

investis par l'article 13, section ɪᴠ, titre I, de la loi
des 28 septembre-6 octobre 1791, du droit de
fixer le nombre de têtes de bétail qui, proportionnellement à l'étendue des terres exploitées et assujetties à l'une ou à l'autre servitude, peuvent
être envoyées au pâturage. *Ibid.*

141. Ainsi encore, l'article 19 de la loi du 18 juillet 1837 confère aux Conseils municipaux «le droit
« de délibérer sur les mesures à prendre en ce qui
« concerne l'exercice de la vaine pâture et du par-
« cours. » D'où la conséquence que ces Conseils
peuvent, par leurs délibérations, en déterminer le
mode et la durée, ainsi que la Cour de cassation
l'a décidé par arrêts des 31 mars 1836 (Aɴɴ. ᴅᴇs
ᴊᴜsᴛ. ᴅᴇ ᴘᴀɪx, 1ʳᵉ série, t. V, p. 294); 15 juillet
1843 (Aɴɴᴀʟ., *ibid.*, p. 298, n° 38), et 30 décembre 1854 (Aɴɴᴀʟ., 1854, 171); de même
qu'ils ont qualité pour fixer l'époque à partir de
laquelle ces droits peuvent être exercés chaque
année. Même arrêt du 15 juillet 1843, et Cass.,
14 juillet 1854, vol. 1855, p. 104.

142. L'arrêté de l'autorité municipale, approuvé par le préfet, qui exclut du droit de parcours sur un terrain communal les habitants
d'une commune voisine qui en avait joui jusque-
là est légal et obligatoire, sous les peines portées
en l'article 471, n° 15 du Code pénal, alors qu'il

est constant que la commune exclue du parcours n'est plus à même de fournir la réciprocité du même droit sur ses communaux, par suite de leur aliénation. Cass., 1ᵉʳ juin 1838, ANNALES, 1ʳᵉ série, t. V, p. 285.

143. L'autorité municipale a le pouvoir, d'après les articles 9, titre II du Code rural du 6 octobre 1791, et 10 et 11 de la loi du 18 juillet 1837, de faire les règlements de police rurale qu'elle juge nécessaires à la tranquillité des campagnes, d'interdire la vaine pâture sur les prairies naturelles de son territoire aux époques par elle déterminées. Ces arrêtés sont obligatoires dès leur publication, et les propriétaires ou fermiers des terres non closes soumises à ce droit sont tenus, comme les simples usagers, de s'y conformer. Cass., 16 déc. 1841. ANNALES, 1ʳᵉ série, t. V, p. 295.

Il est incontestable, en effet, que les arrêtés rendus par les maires, dans les cas de l'arrêt ci-dessus, sont pleinement obligatoires, dès qu'ils ont été légalement publiés, conformément à l'article 11 de la loi du 18 juillet 1837 ; — D'un autre côté, le parcours et la vaine pâture sont une société et communauté tacites de pâture ; ils modifient le droit absolu de propriété, puisque le Code rural n'accorde à tout propriétaire la liberté de faire pâturer exclusivement ses troupeaux sur ses terres qu'à la charge d'observer les dispositions qu'il contient relativement au parcours et à la vaine pâture (art. 1 de la section IV), et veut que les héritages grevés de cette servitude ne puissent en être affranchis que par la clôture (art. 5, 6, 7 de la même section). — Il suit évidemment, dès lors, de l'ensemble des articles précités de cette section, que les propriétaires ou les fermiers des terres non closes qui sont soumises à ce droit restent tenus, comme les simples usagers, de se conformer aux arrêtés qui en règlent la jouissance.

144. Lorsqu'un arrêté du Conseil municipal a déterminé le mode et la durée de l'exercice de la vaine pâture sur les héritages d'une commune, cet arrêté est obligatoire pour les habitants, qu'ils soient ou non propriétaires de ces terrains. — Par suite, l'individu qui exerce la vaine pâture avant l'époque déterminée par le règlement municipal ne peut pas être renvoyé de la poursuite, sous le prétexte qu'il est propriétaire des terrains sur lesquels ses bestiaux ont été trouvés. Cass., 15 juill. 1834, ANNALES, 1re série, t. V, p. 291.

145. Il appartient au Conseil municipal de répartir le pâturage entre chaque troupeau particulier et le troupeau commun ; par suite, est légal et obligatoire l'arrêté qui attribue aux proprié-

taires qui en auront fait la déclaration la jouissance de leurs prés, et qui, par réciprocité, les
exclut du pâturage commun. Cass., 22 janv. 1859;
ANNALES, 1859, p. 259.

146. La délibération d'un Conseil municipal,
qui dispose que chaque habitant ne pourra envoyer à la dépaissance sur les pâtures communales que deux bêtes à laine par chaque franc de
contributions foncières qu'il paye dans la commune, constitue, lorsqu'elle a été approuvée par
le préfet, et bien qu'elle ne soit pas émanée du
maire seul un règlement municipal dont les tribunaux doivent maintenir l'application, tant
qu'elle n'a pas été réformée par l'autorité compétente. Cass., 15 avril 1845; ANNALES, 1re série,
t. V, p. 284.

Ainsi qu'on l'a déjà vu, il appartient aux Conseils municipaux de régler le mode de jouissance
et de répartition des bois et des pâturages communaux; — or, si quelques habitants ont à se
plaindre des délibérations prises à cet égard par
les Conseils municipaux, ils devront s'adresser à
l'autorité administrative supérieure pour les faire
annuler ou réformer, mais jusqu'à ce que l'autorité administrative supérieure ait statué à cet
égard, les tribunaux ne peuvent se dispenser d'en
assurer l'exécution.

147. Mais, s'il n'appartient qu'aux Conseils municipaux de régler par leurs délibérations l'exercice des droits de parcours et de vaine pâture, d'en déterminer le mode et la durée, de fixer l'époque de son ouverture, et d'opérer entre les ayants droit la répartition des bestiaux qui peuvent être envoyés au pâturage, il entre dans les attributions des maires de prendre des arrêtés pour porter à la connaissance des habitants de leurs communes les décisions prises à cet égard et d'en assurer l'exécution. De tels arrêtés sont donc parfaitement légaux et obligatoires, ainsi que l'a décidé la Cour de cassation, par ses deux arrêts des 30 décembre 1863 et 14 juillet 1854, précédemment cités. Annales, vol. 1859, p. 242.

148. En outre, les maires peuvent incontestablement pourvoir, par leurs arrêtés, aux mesures qu'il est d'ailleurs de leur devoir de prendre dans l'intérêt d'une bonne police, et dans le but d'assurer le bon ordre, la sûreté, la tranquillité et la salubrité des campagnes, objets qui, comme nous l'avons dit, sont confiés à leur vigilance et à leur autorité, et dont ils peuvent s'occuper sans le concours des Conseils municipaux. *Ibid.*, p. 243.

149. C'est ainsi qu'il a été décidé qu'on doit considérer comme parfaitement légal l'arrêté d'un maire qui, pour faciliter la réglementation du

droit de vaine pâture et la répartition confiée aux Conseils municipaux, soumet chaque ayant droit à l'obligation de faire, à une époque déterminée, la déclaration par écrit, à la mairie, de la quantité de terre qu'il n'aura pas ensemencée. Cass., 3 mai 1850; ANNALES, vol. 1851, p. 203.

150. Le maire a le droit de prendre des arrêtés pour empêcher que le droit de parcours ou de vaine pâture ne s'exerce autrement que ne le prescrivent les lois; et les tribunaux de simple police ne peuvent pas méconnaître l'autorité de ces arrêtés. Cass., 9 févr. 1838; ANNALES, 1re série, t. V, p. 305.

Et, en effet, investissant l'autorité municipale du pouvoir d'ordonner les mesures de police rurale qu'elle juge nécessaires au profit de tous les habitants, ainsi que de nommer les pâtres communs, les articles 11 et 13 de la loi du 18 juillet 1837 lui ont virtuellement conféré, par cela même, celui d'assurer l'exécution dudit article 13 et de faire cesser les infractions qui peuvent y être commises.

151. Est légal l'arrêté municipal relatif à la dépaissance des bestiaux sur un chemin public; il appartient à l'autorité municipale de maintenir la sûreté et la sécurité du passage, et de veiller à la conservation des chemins. Dès lors, un maire a

pu légalement prohiber le fait de pâturage des bestiaux sur les chemins vicinaux de sa commune. Cass., 1ᵉʳ déc. 1854; ANNALES, vol. 1855, p. 131.

Pour justifier cette décision, il convient de faire remarquer que si, en dehors des cas prévus par les lois et règlements spéciaux concernant la vaine pâture ou la dépaissance des bestiaux sur les terrains communaux et autres, les maires n'ont pas autorité pour réglementer les faits de cette nature, il en est différemment lorsque la dépaissance a lieu sur un chemin public où l'autorité municipale a incontestablement l'obligation de maintenir la sûreté et la sécurité du passage, et de veiller à sa conservation.

152. Est légal et obligatoire l'arrêté municipal qui prescrit aux propriétaires qui voudront mener leur troupeau à la vaine pâture, de faire la déclaration détaillée des terres qu'ils possèdent, et d'appuyer cette déclaration de pièces qui en attestent l'authenticité. Cass., 1ᵉʳ juill. 1859; ANNALES, vol. 1860, p. 204.

153. L'arrêté du maire sur la vaine pâture n'est légal et obligatoire qu'autant qu'il est pris pour assurer l'exécution des délibérations des Conseils municipaux ou d'anciens règlements émanés de l'autorité compétente et restés en vigueur; dès lors, est illégal et non obligatoire l'arrêté du

maire qui défend de faire paître les moutons dans les prés autres que ceux dont le maître du troupeau est lui-même propriétaire, lorsque cet arrêté ne s'appuie si sur la coutume, ni sur une délibération du Conseil municipal, ni sur des règlements anciens. Cass., 19 août 1859; ANNALES, vol. 1860, p. 152.

Il semblerait, à première vue, résulter de l'arrêt que nous venons de mentionner ici que la Cour refuse d'une manière absolue à l'autorité municipale, en matière de vaine pâture, l'exercice du pouvoir réglementaire dont elle est investie, si ce n'est pour porter à la connaissance des citoyens les délibérations des Conseils municipaux.

Cependant nous croyons que la doctrine de cet arrêt n'a pas une portée si étendue; nous n'hésitons pas à penser que la Cour n'a entendu circonscrire ainsi le pouvoir des maires que toutes les fois qu'il s'agit de réglementer l'exercice de la servitude, d'en déterminer le mode et la durée, de fixer l'époque de son ouverture, d'opérer entre les ayants droit la répartition des bestiaux qui peuvent être envoyés au pâturage, etc.

En effet, on ne saurait raisonnablement contester aux maires le droit de pourvoir, par leurs arrêtés, seuls et sans la participation des conseils délibérants, aux mesures qu'il est de leur devoir de prendre dans l'intérêt d'une bonne police, et dans le but d'assurer le bon ordre, la sûreté, la tranquillité, la salubrité des campagnes, objets que les lois ont confiés à leur vigilance et à leur autorité.

154. Ces considérations tracent nettement la ligne de démarcation qui sépare les attributions des maires de celles des Conseils municipaux, en matière de vaine pâture et de parcours. Toute mesure qui tend exclusivement à régler le mode d'exercice de la servitude ne peut être prise par l'autorité qui administre qu'après qu'elle a été déclarée utile et votée par le corps délibérant ; mais il en est autrement s'il s'agit d'une mesure de police proprement dite. ANNALES, vol. 1859, p. 243.

Ainsi l'article 19, titre I, section IV, de la loi de 1791, oblige tout propriétaire ayant un troupeau malade à en faire immédiatement la déclaration à la *municipalité*, et dispose que la *municipalité* assignera, sur le terrain du parcours et de la vaine pâture, un espace où le troupeau malade pourra pâturer exclusivement, et le chemin qu'il devra suivre pour se rendre au pâturage. *Ibid.*

155. En outre, la disposition de l'article 20 du

titre II de la même loi, rappelant sous ce rapport
celle du n° 5 de l'article 3 du titre XI de la loi
des 16-24 août 1790, porte que les corps administratifs emploieront particulièrement tous les
moyens de prévenir et d'arrêter les épizooties et
la contagion de la morve des chevaux. *Ibid.*

Or, il est incontestable que la mesure du cantonnement, prescrite par l'article 19, mesure qui
tend à assurer la salubrité et la conservation des
troupeaux, en empêchant le mélange ou la simple
réunion accidentelle des animaux sains et de ceux
qui sont atteints de maladie contagieuse, rentre
dans la catégorie de celles que le maire peut ordonner par ses arrêtés, délibérées par le Conseil
municipal. *Ibid.*

156. Les maires ont également qualité : 1° pour
ordonner que les bestiaux ne seront conduits au
pâturage qu'autant qu'ils porteront une marque
spéciale, à l'aide de laquelle il soit facile de reconnaître la personne à laquelle ils appartiennent;
2° pour prescrire que le pâturage des bestiaux
n'ait lieu que dans l'intervalle qui existe entre le
lever et le coucher du soleil. Toutes ces mesures,
en effet, n'ont d'autre objet que d'assurer le bon
ordre, la santé, la tranquillité, la salubrité des
campagnes, ou la conservation des récoltes; elles
ne constituent donc que des mesures de police,

et, à ce titre, elles rentrent essentiellement et exclusivement dans le domaine du pouvoir réglementaire dont les maires sont investis. *Ibid.*, et suiv.

157. On se rappelle que, sauf l'exception cidessus mentionnée, les ayants droit au parcours ou à la vaine pâture, lorsqu'ils n'usent pas du droit de placer les bestiaux qu'ils y envoient sous la conduite d'un gardien particulier, doivent les mettre dans le troupeau commun, lorsqu'il y a un troupeau commun dans la localité, et qu'il leur est interdit de se réunir à deux ou un plus grand nombre pour confier la garde de ces bestiaux à un pâtre de leur choix. Or, ainsi que l'a décidé la Cour de cassation, par arrêt du 2 décembre 1841, une telle défense est légalement faite par un simple arrêté du maire, auquel l'article 13 de la loi du 18 juillet 1837 confère le droit de nommer les pâtres communaux, sauf l'approbation du Conseil municipal. *Ibid.*, p. 244.

158. La distinction que nous venons d'établir entre les attributions du maire]et celles des Conseils municipaux, dans la [matière qui nous occupe, est importante à un double point de vue. D'une part, elle doit servir de guide aux tribunaux de simple police dans l'appréciation de la légalité des arrêtés ou des règlements sur le par-

cours et le vain pâturage dont il leur est demandé
d'assurer l'exécution. D'autre part, on verra plus
loin que les formalités auxquelles ces actes sont
assujettis, et sans lesquelles ils ne sont point obligatoires, diffèrent selon qu'ils émanent des maires
ou des Conseils municipaux. *Ibid.*

159. Les Conseils municipaux, comme les
maires, sont sans droit pour restreindre ou empêcher l'exercice de la vaine pâture sur des terres
soumises à cette servitude d'après les dispositions
de la loi de 1791. Spécialement, est illégal et
dépourvu de sanction l'arrêté municipal qui, dans
le but de prévenir les abus commis dans l'exercice
du droit de vaine pâture, défend de mener sur
les propriétés d'autrui des bestiaux d'aucune espèce, sans en avoir obtenu l'autorisation par écrit,
et sans que cette autorisation ait été visée, soit par
le maire, soit par le commissaire de police. Une
telle obligation aurait pour effet de subordonner
l'exercice légal du droit de vaine pâture à la volonté de ceux à qui l'arrêté attribue la puissance
de le concéder. Cass., 5 février 1859; ANNALES
DES JUSTICES DE PAIX, 1859, p. 57.

160. Est également illégal et non obligatoire
l'arrêté municipal qui ordonne que nul propriétaire ne pourra avoir qu'une seule bête à laine
par 28 ares 45 centiares. Cass., 10 mars 1854;

Ibid., vol. 1854, p. 286.—Voir ci-dessus, n° 110.

161. Un Conseil municipal qui, par un arrêté, interdit pendant toute l'année le droit de parcours dans certaines propriétés comme étant constamment ensemencées, commet un excès de pouvoir, et se met en contravention avec les dispositions de la loi des 28 septembre et 6 octobre 1791, relatives au droit de parcours. Cass., 9 septembre 1853; *Ibid.*, vol. 1854, p. 109.

162. De même, ces Conseils, n'ayant reçu de la loi que le pouvoir de fixer le nombre de têtes de bétail qui peuvent être envoyées à la vaine pâture, proportionnellement à la quantité de terres exploitées (loi de 1791, art. 13) et de régler l'exercice de ce droit (loi de 1737, art. 19) dans tous les lieux où la servitude existe, sont sans qualité pour l'interdire ou même pour le suspendre momentanément à raison de circonstances exceptionnelles, par exemple, dans le but de laisser aux propriétaires des prés naturels les secondes herbes, quand la première a manqué. Tout règlement ou arrêté rendu dans ce but est sans force obligatoire et dépourvu de toute sanction. Instr. du min. de l'intér. du 19 septembre 1840; Annales, vol. 1859, p. 245.

163. L'exercice du droit de vaine pâture ne peut être suspendu, même dans un cantondéter-

miné, sous le prétexte qu'il serait de nature à préjudicier à certaines récoltes, par exemple, à de jeunes trèfles; une telle suspension est purement arbitraire, et le règlement qui la prescrit contient un excès de pouvoir. Cass., 10 mars 1854; ANNALES, vol. 1854, p. 281.

Dans l'espèce de cette décision, l'arrêté du maire de la commune d'Apremont, en date du 27 août 1853, se fondant, d'après l'avis du Conseil municipal, sur ce que le parcours, dans certaines circonstances, pourrait être préjudiciable, il convenait d'interdire le parcours jusqu'à nouvel ordre, déclare que la vaine pâture était interdite jusqu'à ce qu'il en fût autrement ordonné.

Il n'appartient assurément ni au Conseil municipal ni au maire de suspendre ainsi, d'une manière indéterminée et arbitraire, l'exercice du droit de vaine pâture.

Sans doute l'autorité municipale a le droit de déterminer le mode et la durée de l'exercice de la vaine pâture sur les héritages d'une commune, et ceux qui exercent la vaine pâture avant l'époque déterminée par le règlement municipal sont passibles de l'application de l'article 471 du Code pénal, LL. 12 août 1790, 28 pluviôse an VIII, titre II, article 15; C. rural, 28 septembre 1791;

mais l'autorité municipale, ainsi que nous l'avons fait plusieurs fois remarquer, commet un abus d'autorité, lorsqu'elle restreint cet exercice au delà des prohibitions légales.

164. L'arrêté municipal qui détermine l'époque à laquelle pourra être exercé le droit de vaine pâture est applicable même aux propriétaires des terres qui y sont soumises. En effet, un tel arrêté a pour but, en établissant une règle uniforme pour l'exécution de l'article 22 du titre II de la loi de 1791, de prévenir les dommages qui peuvent résulter de l'envoi des bestiaux au pacage avant l'entier enlèvement des récoltes; et les dommages sont les mêmes, soit que chaque propriétaire fasse pâturer ses bestiaux sur ses terres, soit que le pâturage ait lieu en commun. Il n'est pas possible d'admettre que, dans les pays de vaine pâture, il y ait successivement pâture privée et pâture commune, et qu'avant le temps où la vaine pâture est permise, le propriétaire soit autorisé à envoyer ses bestiaux sur les terres dépouillées de leurs récoltes pour n'apporter ensuite à la communauté que des terres épuisées. Cass., 8 janvier 1857 ; ANNALES, vol. 1857, p. 207.

165. Lorsque, en exécution d'une délibération du Conseil municipal, un arrêté du maire a

fixé, même éventuellement, l'époque de l'ouverture de la vaine pâture, le jour ne peut être
changé que par un nouvel arrêté : un simple
avertissement verbal donné à son de caisse ne
pourrait y suppléer, ni constituer, par conséquent, une excuse légale de la contravention à
l'arrêté. Cass., 14 juill, 1854; *Ibid.*, vol. 1855,
p. 104.

166. La délibération du Conseil municipal sur
la vaine pâture n'a par elle-même aucune force
légale, encore bien que le maire en aurait fait
l'objet d'un arrêté spécial : elle n'est obligatoire
que si elle a été approuvée par le préfet. Cass.,
23 janvier 1862; *Ibid.*, vol. 1862, p. 342.

167. Lorsque la délibération du Conseil municipal sur la vaine pâture n'a pas été envoyée
au sous-préfet et approuvée par le préfet, ainsi
que le veulent les articles 19 et 20 de la loi
du 22 juillet 1837, elle n'est pas exécutoire, elle
est dépourvue de sanction pénale, et, dès lors, le
juge de police ne peut en faire la base d'une condamnation. Cass., 26 févr. 1857; *Ibid.*, vol. 1857,
p. 208.

Par suite, le propriétaire de bestiaux qui les
mène paître sur les pâtures communales en un
nombre excédant celui autorisé par le règlement
ne peut être condamné aux peines de l'article 25 de

la loi du 6 octobre 1791, qui ne s'applique qu'aux conducteurs de bestiaux qui traversent une commune à laquelle ils sont étrangers ; cette circonstance qu'il est en même temps marchand de bestiaux ne lui enlève pas sa qualité de propriétaire et ne change pas son droit ; seulement l'abus dans l'exercice de ce droit peut être réprimé s'il y a une délibération du Conseil municipal régulièrement approuvée par l'autorité supérieure. Cass., 15 mars 1862, vol. 1863, p. 24.

De même, un particulier ne commet aucune infraction punissable en envoyant à la vaine pâture un nombre de moutons plus considérable que celui qui lui aurait été indiqué par le garde champêtre de la commune, un tel avis ne pouvant équivaloir à l'arrêté en forme que les lois précitées ont placé dans les attributions du Conseil municipal. Trib. de police du canton de Condé-sur-Escaut (Nord), du 12 nov. 1861; BULL. DES DÉCISIONS DES J. DE PAIX, t. V, 1863, p. 108.

168. Le droit qu'ont les préfets de donner ou de refuser leur approbation aux délibérations prises par les Conseils municipaux dans les cas prévus par l'article 19 de la loi du 18 juillet 1837 ne comprend pas celui de modifier ces délibérations. — Est, dès lors, entaché d'excès de pouvoir l'arrêté par lequel un préfet, tout en déclarant

approuver une délibération prise par un Conseil municipal relativement à la vaine pâture, introduit des conditions nouvelles dans cette délibération. Cons. d'Etat, 18 avril 1861; ANNALES, vol. 1862, p. 17.

169. Lorsque le préfet a refusé d'approuver un règlement sur la vaine pâture, les tribunaux ne peuvent condamner le prévenu d'une contravention de cette nature en basant la condamnation sur un règlement identique antérieur : le refus d'approbation du second règlement emporte révocation du premier. Cass., 15 nov. 1861; ANNALES, vol. 1862, p. 200.

Deux points importants ressortent de cette décision :

1° L'arrêté d'approbation d'une délibération du Conseil municipal en matière de vaine pâture ne confère pas à cette délibération une existence indéfinie, en ce sens que par un arrêté postérieur, le préfet peut en prononcer l'annulation.

2° Lorsqu'une délibération antérieure contient des dispositions identiques avec celle de la seconde, l'arrêté qui annule celle-ci a virtuellement pour effet d'annuler celle-là.

En conséquence, la matière dont l'une et l'autre se sont occupées n'étant plus régie par aucun règlement, il n'existe aucune contravention punissable dans le fait de n'avoir point observé des dispositions qui ont complétement cessé d'être en vigueur.

170. Les arrêtés des Conseils municipaux, concernant l'exercice des droits de vaine pâture dans les communes où il existe de pareils droits, sont obligatoires, tant qu'ils n'ont pas été réformés par l'autorité supérieure. Cass., 31 mars 1836; Annales, 1ʳᵉ série, t. V, p. 292.

Spécialement, lorsqu'un Conseil municipal, se fondant sur la disposition d'une ancienne coutume, a défendu indistinctement à tous les propriétaires ou gardiens de moutons de les introduire et faire paître dans les prairies naturelles de son territoire, celui qui a contrevenu à cette prohibition ne peut être relaxé sur le motif qu'il serait fermier des prés sur lesquels il a introduit ses moutons. *Ibid.*

CHAPITRE VI.

De l'action civile résultant de l'atteinte portée au droit de vaine pâture. — Action possessoire. — Compétence.

171. Celui qui entrave le droit de vaine pâture, ou qui porte atteinte au droit des propriétaires, ou qui contrevient aux arrêtés municipaux qui ont le parcours ou la vaine pâture pour objet, peut être responsable du dommage qu'il cause, sous deux rapports : d'abord, relativement à l'autorité municipale dont il enfreint les règlements ; ensuite, relativement aux habitants de la commune, aux individus qui souffrent de la contravention, soit en ce qu'on leur enlève une portion de ce qui leur revient dans les pâturages, soit en ce qu'on foule leurs champs et leurs propriétés et qu'on en consomme les produits à une autre époque que celle fixée par les règlements. De là naissent aussi deux actions, l'action publique (Code pénal, 471) et l'action civile ; celle-ci peut être exercée indépendamment de la première par tout habitant qui a souffert de la contravention ou du délit. « Tout fait quelconque

9

« de l'homme qui cause à autrui un dommage
« oblige celui par la faute duquel il est arrivé à
« le réparer (Code Nap., 1382). » Celui donc qui,
avant l'époque de l'ouverture du droit de parcours, a fait paître son troupeau sur des terres de
vaine pâture, peut être actionné par le propriétaire
ou le fermier de ces terres et condamné en dommages et intérêts. ANNALES DES JUST. DE PAIX, vol.
1842, p. 268.

172. Il n'est pas douteux que le juge de paix
ne soit, comme juge civil, compétent pour statuer
en dernier ressort sur une demande de cette nature n'excédant pas 100 francs ; d'après l'article 1er de la loi du 25 mai 1838, « les juges de
« paix connaissent de toutes actions purement
« personnelles ou mobilières en dernier ressort
« jusqu'à la valeur de 100 francs et à charge
« d'appel jusqu'à la valeur de 200 francs. » *Ibid.*,
p. 269.

D'après l'article 5 de la même loi, « les juges
« de paix connaissent également sans appel jus-
« qu'à la valeur de 100 francs et à charge d'ap-
« pel, à quelque valeur que la demande puisse
« s'élever, des actions pour dommages faits aux
« champs, fruits et récoltes, soit par l'homme,
« soit par les animaux... lorsque les droits de
« propriété et de servitude ne sont pas contestés. »

Il résulte de la jurisprudence de la Cour de cassation qu'en qualité de juges civils les juges de paix sont compétents pour statuer sur les plaintes ayant pour but la répression par *voie civile* des dommages aux champs et à leurs productions, alors même que ces faits constitueraient des crimes ou des délits, comme dans les cas prévus par les articles 444 et suivants du Code pénal.

173. M. Vaudoré, dans son ouvrage sur le *Droit rural français*, mentionne les actes qui peuvent donner lieu à l'action pour dommages aux champs, fruits et récoltes. Il rappelle spécialement les préjudices causés par suite de pacage exercé au mépris des lois et règlements sur le parcours et la vaine pâture, t. II, n° 295. *Ibid.*

Le juge de paix serait donc compétent pour statuer comme juge civil sur une demande en dommages-intérêts intentée par un fermier contre un autre fermier qui aurait exercé sur ses terres le droit de parcours avant l'époque fixée pour l'ouverture, et il pourrait prononcer en dernier ressort jusqu'à la valeur de 100 francs et à charge d'appel, à quelque valeur que la demande s'élevât. *Ibid.*

174. L'exercice de la vaine pâture (surtout lorsque le droit résulte de la tolérance des propriétaires) ne s'étend pas jusqu'à permettre aux

habitants de détruire ou même de détériorer les propriétés qui y sont soumises. Cass., 10 février 1845, ANNALES, 1ʳᵉ série, t. V, p. 293.

Le préjudice qui résulte de l'abus dans l'exercice de la vaine pâture, comme si, par exemple, des bestiaux ont été introduits dans un pré avant que les eaux qui l'inondaient se fussent retirées, constitue une question de propriété de la compétence des tribunaux... — Et les dommages-intérêts accordés au propriétaire lésé n'impliquent pas une restriction à l'acte administratif qui, en réglementant l'exercice de vaine pâture, n'avait déterminé aucune prohibition pour le cas d'inondation. *Ibid*.

175. D'après la jurisprudence de la Cour de cassation, le droit de parcours ou de vaine pâture, soit qu'on le considère comme une servitude ou comme un acte de simple faculté et de tolérance, ne peut être acquis par la possession, ni par conséquent être revendiqué par l'action possessoire. Cass., 24 déc. 1816 ; ANNALES, 1ʳᵉ série, t. V, p. 281.

Nous avons combattu cette jurisprudence dans notre *Recueil des actions possessoires*, p. 159, nº 363. Nous avons admis que, sans doute, le droit de vaine pâture n'autorise pas à attaquer au possessoire le propriétaire qui enclôt son fonds

pour s'y soustraire, ce propriétaire ne faisant
qu'user du droit que lui attribue l'article 647 du
Code Napoléon; mais lorsque les propriétaires
de métairies isolées, par exemple, prétendent,
quoiqu'ils ne soient pas clos, repousser le troupeau
de la commune, nous sommes d'avis qu'on doit
ouvrir au maire la voie possessoire, si jusque-là
le troupeau commun avait été admis sans opposition : le droit de vaine pâture est, en effet, sinon
une servitude proprement dite, du moins un
droit réel ayant son titre dans la loi, et susceptible
conséquemment d'être défendu par la voie de
l'action possessoire.

CHAPITRE VII.

Des contraventions et délits en matière de parcours et de vaine
pâture.

176. La violation des règles et règlements
relatifs au parcours et à la vaine pâture peut constituer des contraventions, même des délits.

177. Au nombre des dispositions législatives
qui définissent et punissent les délits et contraventions, se présente d'abord l'article 471 du
Code pénal, dont le numéro 1 est ainsi conçu :

« Seront punis d'amende, depuis un franc
« jusqu'à cinq francs inclusivement... 15° Ceux
« qui auront contrevenu aux règlements légale-
« ment faits par l'autorité administrative et ceux
« qui ne se seront pas conformés aux règlements
« ou arrêtés publiés par l'autorité municipale en
« vertu des articles 3 et 4, titre XI, de la loi
« des 16-24 août 1790 et de l'article 46, titre Ier,
« de la loi des 19-22 juillet 1791. » ANNALES, vol.
1856, p. 385.

Cet article atteint, comme on le voit, toutes les
contraventions aux règlements des Conseils mu-

nicipaux sur la vaine pâture et aux arrêtés pris
par les maires.

178. Mais le décret, Code rural, de 1791,
contient aussi dans son titre II plusieurs dispositions répressives que nous devons rapporter ici :

ART. 23. « Un troupeau atteint de maladie
« contagieuse qui sera rencontré au pâturage sur
« les terres du parcours ou de vaine pâture autres
« que celles qui auront été désignées pour lui
« seul pourra être saisi par les gardes champêtres
« et même par toute autre personne ; il sera en-
« suite mené au lieu de dépôt qui sera indiqué
« à cet effet par la municipalité. — Le maître de
« ce troupeau sera condamné à une amende de
« la valeur d'une journée de travail par tête de
« bêtes à laine, et à une amende triple par tête
« d'autre bétail. — Il pourra, en outre, suivant
« la gravité des circonstances, être responsable
« du dommage que son troupeau aurait occa-
« sionné, sans que cette responsabilité puisse
« s'étendre au delà des limites de la municipalité.
« — A plus forte raison, cette amende et cette
« responsabilité auront lieu, si ce troupeau a été
« saisi sur les terres qui ne sont point sujettes au
« parcours ou à la vaine pâture. »

179. ART. 24. « Il est défendu de mener sur
« le terrain d'autrui des bestiaux d'aucune espèce,

« et, en aucun temps, dans les prairies artifi-
« cielles, dans les vignes, oseraies, dans les plants
« de câpriers, dans ceux d'oliviers, de mûriers,
« de grenadiers, d'orangers et arbres de même
« genre, dans tous les plants ou pépinières d'ar-
« bres fruitiers ou autres, faits de main d'homme.
« — L'amende encourue pour le délit sera une
« somme de la valeur du dédommagement dû au
« propriétaire : l'amende sera double si le dom-
« mage a été fait dans un enclos rural, et suivant
« les circonstances, il pourra y avoir lieu à la
« détention de police municipale. »

180. Art. 26. « Quiconque sera trouvé gardant
« à vue ses bestiaux dans les récoltes d'autrui
« sera condamné, en outre du payement du
« dommage, à une amende égale à la somme de
« dédommagement, et pourra l'être, suivant les
« circonstances, à une détention qui n'excédera
« pas une année.

181. Les dispositions de l'article 24 susrap-
porté, relatif aux bestiaux menés sur le terrain
d'autrui ou dans les prairies artificielles, les
vignes, etc., ont été introduites, par la loi du
28 avril 1832, dans l'article 479 du Code pénal,
dont elles forment le numéro 10. Seulement
il existe, entre les termes de l'une et de l'autre,
une différence assez notable, quoique paraissant

de peu d'importance au premier abord. Le numéro 10 est ainsi conçu : « Seront punis d'une
« amende de 11 francs à 15 francs inclusivement...
« 10° Ceux qui mèneront sur le terrain d'autrui
« des bestiaux de quelque nature qu'ils soient,
« *et notamment* dans les prairies artificielles, dans
« les vignes, oseraies, dans les plants de câpriers,
« dans ceux d'oliviers, de mûriers, de grenadiers,
« d'orangers et d'arbres du même genre, dans
« tous les plants ou pépinières d'arbres fruitiers
« ou autres, faits de main d'homme. »

Le texte de l'article 24 du titre II du décret de
1791 indiquait mieux quelle était la pensée du
législateur de cette époque. Après avoir édicté
une prohibition générale de pacage sur le terrain
d'autrui, il avait pris le soin de faire connaître
qu'il entendait interdire aux bestiaux l'accès des
prairies artificielles, vignes, oseraies et autres
plantations, *en tout temps*, c'est-à-dire même
alors que les droits de parcours et de vaine pâture sont ouverts. Le législateur de 1832, en
substituant à ces mots : *en tout temps*, ceux-ci :
et notamment, a été moins heureux. ANNALES,
vol. 1859, p. 234.

182. Quoi qu'il en soit, il est manifeste que la
disposition du n° 10 de l'article 479 du Code pénal a la même signification et la même portée que

l'ancien article 24 de la loi rurale, et que, aujourd'hui comme alors, les vignes, oseraies et autres plantations qu'il détermine, sont affranchies
de la vaine pâture et du parcours tout aussi bien
que les prairies artificielles. *Ibid*.

183. Quant à l'article 23 du même titre II du
décret de 1791, qui permet de saisir sur les terres
de parcours et de vaine pâture les troupeaux atteints de maladies contagieuses, et punit les propriétaires de ces troupeaux, on s'est demandé si
cet article n'avait pas été abrogé par les articles 359, 460 et 461 du Code pénal, qui punissent
« les détenteurs ou gardiens d'animaux ou bes-
« tiaux soupçonnés d'être infectés de maladies
« contagieuses, qui n'auront pas averti sur le
« champ le maire de la commune où ils se trou-
« vent, et qui, même avant que le maire ait ré-
« pondu à l'avertissement, ne les auront pas te-
« nus renfermés et ceux qui, au mépris des
« défenses de l'administration, auront laissé leurs
« animaux ou bestiaux infectés communiquer
« avec d'autres. » La négative ne paraît faire aucun doute. L'article 23 du titre II du Code rural
règle des faits différents de ceux prévus par le Code
pénal. Sans doute dans les deux hypothèses, le
propriétaire ou possesseur du troupeau doit faire
une déclaration ; mais, dans le cas prévu par le

Code rural, la déclaration a pour but de faire fixer l'espace qui doit être affecté au pâturage du troupeau malade, lors même que la maladie ne serait pas encore reconnue contagieuse, et de punir la violation de la prescription imposée, tandis que dans les articles 459 et suivants où l'avertissement a lieu à l'occasion d'une maladie contagieuse, le troupeau doit être immédiatement renfermé, même avant que le maître ait répondu à la déclaration. Par suite, la loi défend toute communication avec les autres animaux ou bestiaux des bergeries et étables voisines, et punit sévèrement cette communication, surtout si elle a eu pour résultat une contagion parmi les autres animaux. La loi de 1791 et le Code pénal règlent donc deux faits tout à fait différents et qu'il ne faut pas confondre. ANNA-LES 1849, p. 247.

184. Enfin, l'article 26 du titre II du décret de 1791 ne doit pas non plus être confondu avec le numéro 10 de l'article 479 du Code pénal : cet article 26 punit « quiconque sera trouvé gardant à vue les bestiaux dans les récoltes d'autrui ; » l'article 479, « ceux qui mèneront leurs bestiaux sur le terrain d'autrui. » On ne voit pas bien tout d'abord où est la différence ; cependant il faut bien qu'il y en ait une, et même assez grande, car la peine est loin d'être la même, et la juridiction

aussi diffère. Le fait de l'article 26 est un délit correctionnel contre lequel la loi permet de prononcer une détention qui n'excédera pas une année. Cette différence où est-elle? la jurisprudence l'a trouvée dans le mot *Récoltes*, qu'on lit dans l'article 26 de la loi de 1791, et que l'article 479, n° 10, du Code pénal n'a pas reproduit. Quand il s'agit d'un terrain chargé d'une récolte, c'est l'article 26 que l'on applique. La différence dans la peine est motivée par l'inégalité présumée du dommage.

185. L'arrêté municipal qui détermine une taxe à payer par les propriétaires forains pour chaque tête de bétail paissant dans un terrain communal n'a pas le caractère d'un règlement de police qui puisse donner lieu, en cas de contravention, à l'application des peines édictées par l'article 471, n° 15, du Code pénal. Cass., 27 déc. 1851 ; Annales, vol. 1852, p. 314, et *réimpress.*, p. 130.

S'il est vrai, en effet, que les Conseils municipaux soient investis du droit de faire des règlements, spécialement en ce qui concerne le mode de jouissance et la répartition des pâturages et fruits communaux, ainsi que les conditions à imposer aux parties prenantes, et si ces règlements sont exécutoires, conformément à l'article 18 de la loi du 22 juillet 1837, après l'accomplissement des formalités exigées par ledit article, toutefois, il est vrai aussi que les contraventions à ces règlements ne peuvent devenir l'objet des peines portées en l'article 471, n° 15, qu'autant que ceux-ci ont le caractère d'une mesure d'ordre et de police.

186. Mais les contraventions aux règlements ou usages relatifs à la vaine pâture, qui, sous l'empire de la loi du 6 octobre 1791 (art. 24, tit. II), étaient punies de peines proportionnées aux dommages, sont aujourd'hui, en vertu du n° 10 de l'article 479 du Code pénal, de la compétence des tribunaux de simple police comme entraînant une amende de onze à quinze francs. Cass., 30 août 1834 ; ANNALES, 1re série, t. V, p. 306.

187. L'article 3, titre I, de la loi du 6 octobre 1791, en maintenant le droit de vaine pâture dans les communes où ce droit existait anciennement, n'a entendu donner un caractère obligatoire à ces anciennes coutumes qu'autant qu'il n'y était pas dérogé par des arrêts de règlement postérieurs. Cass., 9 octobre 1852; *Ibid.*, vol. 1853, p. 219, et *réimpress.*, p. 265.

En conséquence, lorsque des arrêts de règlement ont défendu sur un territoire le parcours sur des prés naturels, le tribunal de simple police saisi de la contravention de pacage ne peut, sans méconnaître l'existence de ces arrêts de règlement et leur autorité, relaxer le prévenu des poursuites sur le seul motif que cette contravention ne rentrait ni dans la disposition de l'article 475, n° 10, du Code pénal, ni dans celle de l'article 479, n° 10, du même Code, dont le ministère public avait requis l'application. *Ibid.*

188. Si avant la révision du Code pénal en 1832, les infractions aux dispositions des lois sur le droit de parcours n'étaient passibles de peines que lorsque l'exercice de ce droit avait été réglé par l'autorité municipale, il n'en est pas de même depuis l'article 479, n° 10, du Code pénal, punissant ceux qui mènent des bestiaux sur le terrain d'autrui, sans distinction entre les diverses espèces de terrain et sans considérer s'il y a eu ou non dommage. Trib. de Vesoul, 3 août 1855 ; *Ibid.*, vol. 1855, p. 315.

Ce jugement est remarquable ; en voici les termes : « Vu le procès-verbal à la charge du prévenu ; -- Vu les articles 2 et 4, titre II, de la loi des 28 septembre-6 octobre 1791 ; les articles 2 et 24, section IV, titre Ier, de la même loi ; -- Vu l'article 479, n° 10, du Code pénal ; les articles 463, 466, 484 du même Code ;

« Attendu qu'il est établi, en fait, qu'Athey, au nom de Mourand, ne disconvient pas que celui-ci a été surpris au moment où il faisait paître un

troupeau d'environ cent moutons dans un pâtis
de la commune de Pusey, contiguë à la commune
de Charmoille, au lieu dit Bouchenet, mais qu'il
soutient n'avoir commis aucune contravention,
où que du moins il n'a encouru aucune peine ;

« Attendu que le prévenu, pour justifier ses
prétentions, se fonde sur les dispositions combinées des articles 2 et 3, titre II, de la loi susvisée
des 28 septembre-6 octobre 1791 ; et de l'article 2,
section iv, titre Ier, de la même loi ;

« Attendu que si, de la combinaison de ces articles et de l'arrêt invoqué de la Cour de cassation, du 8 juin 1821, il résulte que, sous l'empire
de ladite loi, le fait actuellement soumis à la décision du tribunal ne serait atteint par aucune loi
pénale, il faut reconnaître qu'aujourd'hui il peut
n'en être pas ainsi ;

« Attendu que le ministère public se retranche,
pour établir la pénalité de la contravention, dans
le n° 10 de l'article 479 du Code pénal, qui aurait
été introduit par la loi du 28 avril 1832 pour
combler une lacune de l'ancienne législation et
atteindre conséquemment les contraventions qui,
avant ladite loi de 1832, restaient impunies ;

« Attendu que la loi nouvelle n'a rien changé
aux usages des pays de parcours et de vaine pâture, et que, sous son empire, ces usages conti-

nuaient à s'exercer, mais seulement sous les conditions déterminées par la loi, ainsi que l'a jugé un arrêt de la Cour de cassation, du 17 décembre 1841 ; d'où il suit que l'article 479, n° 10, n'est applicable qu'au cas où il n'existe pas de droit de parcours;

« Attendu dès lors qu'il s'agit de savoir si Athey, habitant de la commune de Charmoille, a le droit de dépaissance sur la commune de Pusey ;

« Attendu qu'il n'y a pas de parcours sans réciprocité ; qu'il est constant, d'après les débats, que cette *réciprocité*, permise par l'article 24 de la loi du 6 octobre 1791, n'existe pas entre les communes de Charmoille et de Pusey, ou que du moins Athey, à la charge duquel incombe la preuve, ne justifie pas avoir le droit de vaine pâture dont il excipe ; d'où il suit que le fait de pâturage reproché à Mourand constitue une contravention punissable d'après le n° 10 de l'article 479 du Code pénal... »

189. De même le fait de mener paître un troupeau sur une terre couverte de chaume appartenant à autrui constitue une contravention à l'article 479, § 10, du Code pénal ; le prévenu ne saurait échapper à la répression parce que, la terre n'étant couverte que de chaume, il ne peut y avoir

préjudice pour autrui. Cass., 29 janvier 1858 ;
Ibid., vol. 1858, p. 171.

Cette décision est exacte. Le préjudice causé
envers le propriétaire des chaumes dont il s'agit
était, en effet, évident ; car s'il est vrai de dire
que ces chaumes n'étaient pas rigoureusement un
objet de récolte dans le vrai sens de ce mot, il
n'en est pas moins vrai qu'ils pouvaient être, à un
certain point de vue, un objet d'utilité pour ce
propriétaire.

Il a été jugé dans ce sens, qu'aux termes de la
loi du 6 octobre 1791, le mot *récolte* ne doit s'entendre que des fruits de la terre préparée par le
travail de l'homme ; — d'où il suit que l'article 26
de cette loi est inapplicable à la conduite des bestiaux dans les terrains dont les produits spontanés ne peuvent servir qu'au pâturage des animaux, et sont consommés sur place. Or, ce fait
ne constitue qu'une contravention prévue et punie par les articles 24 de cette loi et 479, n° 10,
du Code pénal.

190. L'individu qui fait pacager ses bestiaux
sur des prairies naturelles ou artificielles appartenant à autrui commet un délit dont les tribunaux de simple police ne peuvent connaître, et qui
appartient exclusivement à la juridiction correctionnelle. Cass., 16 févr. 1850, vol. 1851, p. 130.

191. Le fait de garder un troupeau paissant dans un champ de sainfoin appartenant à autrui constitue, non la contravention prévue par l'article 479, § 10, du Code pénal, mais le délit de *garde à vue* prévu par l'article 26 du titre II de la loi des 28 septembre-6 octobre 1791. Cass., 29 juillet 1858; ANNALES, 1859, p. 14.

La Cour suprême maintient invariablement l'applicabilité de l'article 26 du titre II de la loi de 1791, pour le cas où les bestiaux ont été gardés à vue sur le terrain d'autrui, lorsque ce terrain est chargé de *récoltes*.— Voir Cass., 3 juillet 1835, 8 juillet 1836 et 4 octobre 1845; ANNALES DES JUST. DE PAIX, 1re série, t. II, p. 244 et suiv.

Néanmoins M. Vuatiné (*Code annoté des tribun. de police*, p. 219) combat cette doctrine et pense que la disposition dudit article a été virtuellement abrogée par celle du n° 10 de l'article 479 du Code pénal.

La distinction que la Cour de cassation lui paraît établir entre le fait de garde à vue et le fait de mener paître suggère à cet auteur les réflexions que voici : « Il nous répugne beaucoup, dit-il, de nous ranger à cette doctrine, car la garde à vue et l'introduction volontaire de bestiaux dans la récolte d'autrui révèlent la même intention et produisent le même résultat : la destruction de la récolte ; car, conduire des animaux dans une empouille et s'éloigner ensuite, en les y laissant pacager, nous paraît un acte aussi réfléchi et, par conséquent, aussi répréhensible que le fait de demeurer spectateur du pacage. Est-ce que le pâtre ou le berger qui s'en rend coupable n'a pas la volonté de faire manger la récolte par son troupeau tout autant que celui qui resterait sur les lieux ? Qu'importe donc qu'il se soit retiré ! »

Ces réflexions, dont on ne saurait contester la justesse, démontrent bien que le fait d'introduction de bestiaux sur le terrain d'autrui, que prévoit le n° 10 de l'article 479, nécessiterait l'application de peines plus sévères que la simple amende de 15 francs prononcée par cet article ; mais, à notre avis, elles ne prouvent pas que l'addition de la disposition nouvelle faite à l'article 479 par la loi du 28 avril 1832 ait eu pour effet de frapper d'abrogation celle de l'article 26 de la loi de 1791. — En effet, les deux articles ont une portée toute différente : non-seulement leurs dispositions diffèrent au point de vue de la présence du gardien ou conducteur des bestiaux, circonstance qui n'est point exigée par l'article 479 et qui, quand elle existe, révèle d'une manière moins équivoque, plus certaine, plus complète, la pensée coupable du délinquant, et ajoute par

suite à la criminalité du fait ; mais elles diffèrent
encore quant à l'état du terrain sur lequel les
animaux ont été conduits : l'article 26 ne peut
recevoir application qu'autant que ce terrain est
chargé de *récoltes*, tandis que le n° 10 de l'article 479, infiniment plus général dans ses termes,
comprend même les terrains qui ne sont pas
chargés.

Aussi la Cour de cassation a-t-elle décidé que
le mot : RÉCOLTES, employé par l'article 26, doit
s'entendre seulement des fruits naturels de la
terre préparés par le travail de l'homme et qu'il
recueille pour ses besoins actuels ou futurs, et
ne s'applique pas aux produits spontanés de la
terre qui ne peuvent servir qu'au pâturage des
bestiaux et qui sont consommés sur place ;
qu'ainsi le fait d'avoir conduit des bestiaux dans
des *pâturages*, même alors qu'ils y ont été gardés
à vue, ne constitue pas le délit rural réprimé par
ledit article. — Arrêt du 9 mai 1840 ; ANNALES
DES JUSTICES DE PAIX, 1ʳᵉ série, t. II, p. 236.

Il ne faut pas oublier non plus que le n° 10 de
l'article 479 n'est que la reproduction à peu près
textuelle de la première disposition de l'ancien article 24 de la loi des 28 septembre-6 octobre 1791 ;
que, par conséquent, il ne prévoit que le fait précédemment réprimé par cette disposition. Or, dé-

cider que la défense contenue dans le n° 10 de l'article 479 comprend celle édictée par l'article 26 de la même loi, qui s'y trouverait confondue, ce serait décider aussi que ce dernier article était une superfétation dans la loi rurale, puisque l'article 24 eût été suffisant.

Nous le répétons, et en cela nous sommes d'accord avec l'honorable auteur dont nous repoussons la doctrine, il serait désirable que le n° 10 de l'article 479 fût complété par une disposition qui, en établissant une répression plus sévère et plus en harmonie avec la gravité du fait d'introduction volontaire de bestiaux dans des *récoltes,* embrasserait le fait de garde à vue, que prévoit l'article 26. Mais, dans l'état actuel de la législation, nous estimons que les deux dispositions ont l'une et l'autre leur raison d'être, et nous croyons parfaitement fondée la doctrine qui maintient l'applicabilité de ce dernier article.

191 *bis.* La servitude de *vaine pâture* ne peut être invoquée par un individu, se disant *pâtre commun,* mais étant réellement *marchand de moutons* ou courtier, et ne possédant aucune terre dans la commune qu'il habite, alors même que cette servitude y existerait de temps immémorial. Tribunal de police du canton de Longjumeau,

29 septembre 1858; Bulletin des décisions des juges de paix, t. Ier, 1859, p. 55.

Dans l'espèce qui a donné lieu à cette décision, il avait été régulièrement constaté que le prévenu n'exploitait aucun terrain dans la localité, qu'il n'agissait pas comme pâtre commun de propriétaires ou fermiers auxquels la vaine pâture doit profiter; qu'au contraire les bestiaux dont il s'agit étaient, de sa part, l'objet d'un commerce qu'il exerçait pour son compte personnel ou comme courtier; il était donc rationnel de lui dénier le droit dont il entendait se prévaloir. D'où il suit que c'est avec raison qu'il lui avait été fait application de l'article 479, n° 10, du Code pénal.

La disposition de cet article était applicable parce que les bestiaux avaient été *conduits pour pacager* sur le terrain d'autrui. S'ils y eussent seulement passé, la contravention commise eût été, suivant l'état du terrain, ou celle prévue par l'article 471, n° 14, ou celle que punit l'article 475, n° 10.

Si les bestiaux avaient été trouvés à l'abandon, le fait aurait dû trouver sa répression dans les dispositions combinées des articles 3 et 12, tit. II, de la loi des 28 septembre–6 octobre 1791, 600, 605, n° 9, et 606 du Code des délits et des peines du 3 brumaire an IV, et 2 de la loi du 23 thermidor de la même année.

Si, enfin, les animaux eussent été trouvés *gardés à vue* dans des *récoltes*, le fait eût changé de nature, il eût constitué un véritable délit punissable de peines correctionnelles, conformément à l'article 26 du titre II de la loi de 1791 précitée. — Voir également ci-dessus, n° 191.

192. Le fait, par un habitant d'une commune, d'avoir fait paitre son troupeau sur un bien communal, sur lequel la servitude de vaine pâture n'existe pas, constitue une contravention, dont la répression ne peut dépendre, soit du défaut d'adjudication de la location de ces biens ordonnée par délibération du Conseil municipal, soit de l'absence d'un règlement de police en prohibant le pâturage. — Cette contravention ne peut pas davantage être excusée par la bonne foi du prévenu. Cass., 17 avril 1860 ; ANNALES, vol. 1860, p. 377.

193. Le fait d'avoir mené paître des bestiaux sur le terrain d'autrui constitue une contravention qui ne peut être excusée sous le prétexte que le terrain ne produit ni fruits ni récoltes ; il suffit que le terrain soit couvert d'un produit utile quelconque, que fait suffisamment présumer le fait

même de dépaissance. Cass., 29 août 1861 ; *Ibid.*, vol. 1862, p. 169.

« Attendu, porte cet arrêt, qu'il était constaté par un procès-verbal régulier, non débattu par la preuve contraire, que la femme Mivielle avait gardé à vue un troupeau de cent vingt-quatre bêtes à laine, appartenant à Morin, sur la lande des plaignants ;

« Attendu que ce fait de pâturage sur le terrain d'autrui, quelque maigre que fût l'herbe qui y croissait, n'a point été laissé par la loi sans répression pénale ; que, s'il n'est point atteint par l'article 26 de la loi des 28 septembre-6 octobre 1791, applicable seulement au cas où la garde à vue a été commise dans les récoltes, et si, au regard de cet article, on ne doit pas considérer comme récolte les produits spontanés de la terre autres que les prairies, produits qui ne résultent pas du travail de l'homme et qui se consomment sur place, il tombe sous le coup de l'article 479, n° 10, du Code pénal, dont les énonciations ne sont qu'indicatives ; — Qu'en jugeant le contraire et en prononçant le renvoi de la prévenue et des civilement responsables, le jugement attaqué a violé ledit article. »

La Cour de cassation a plusieurs fois sanctionné la distinction qui doit être établie, au point de vue des faits de pacage, entre l'application de

l'article 26, tit. II, de la loi des 28 septembre-
6 octobre 1791, n° 10, toujours en vigueur, et
celle de l'article 479, n° 10, du Code pénal, qui
n'y a apporté aucune dérogation et n'a fait que
remplacer l'ancien article 24 de ladite loi. — C'est
ainsi que cette Cour a décidé, dans le sens de l'arrêt ci-dessus :

1° Que le mot *récoltes*, employé par l'article 26,
doit s'entendre seulement des fruits naturels de la
terre préparés par le travail de l'homme et par lui
recueillis pour ses besoins actuels et futurs, et ne
s'applique pas aux produits spontanés de la terre
qui ne peuvent servir qu'au pâturage des bestiaux et qui sont consommés sur place. Cass.,
9 mai 1840.

2° Que, par suite, le fait de *garder* une vache
en la tenant par la corde (à vue par conséquent),
sur un *terrain herbé* appartenant à autrui, rentre
dans les termes de l'article 479, n° 10, du Code
pénal et ne constitue pas le délit de garde à vue
prévu et réprimé par l'article 26 du titre II de la
loi des 28 septembre-6 octobre 1791. Cass.,
12 mars 1858 (ANNALES DES JUST. DE PAIX, 1858,
p. 304).

Il importe donc de ne point oublier que, lorsqu'il s'agit d'un fait de pacage illicite, il ne suffirait pas, pour que ce fait constituât le délit rural

réprimé par l'article 26 de la loi de 1791, que les
bestiaux eussent été *gardés à vue*, il faut encore
que ces animaux aient pâturé dans des *récoltes*. Si
l'une de ces deux circonstances n'existe point, le
fait ne constitue que la contravention prévue par
l'article 479, n° 10, du Code pénal, et la répression doit être poursuivie par voie de simple police.

194. L'arrêté d'un Conseil municipal, approuvé
par le préfet, qui règle le mode de jouissance par
les habitants de la commune des droits de vaine
pâture, est obligatoire. — Les contraventions à
cet arrêté ne peuvent être excusées, sous le prétexte qu'il n'a point été publié, alors qu'il résulte
des pièces produites qu'il a reçu la publicité la plus
certaine, que son existence a été notoire dans la
commune, et qu'il a été exécuté par l'autorité
judiciaire et l'autorité administrative. Cass.,
18 mars 1836; ANNALES, 1re série, t. V, p. 282.

Cet arrêt est intéressant; il est ainsi conçu : —
« Vu les articles 484 et 471, § 15, du Code pénal;
la loi en forme d'instruction des 12-20 août 1790,
chap. VI; le Code rural des 28 septembre-6 octobre 1791, sect. IV, art. 3; la loi du 28 pluviôse an VIII, tit. II, § 3, art. 15; — Attendu
qu'il résulte desdites dispositions législatives, que
les Conseils municipaux ont le droit, dans les pays
où la vaine pâture est autorisée par la loi ou par

un usage local immémorial, de prendre des arrêtés sur cette matière, et que ces arrêtés étant légalement pris, aux termes des lois précitées de 1790 et 1791, maintenues par l'article 484 du Code pénal, l'infraction à ces arrêtés est punie par le paragraphe 15 de l'article 471 dudit Code ; — Attendu qu'en vertu des lois précitées, le Conseil municipal de la commune de Pouzac, convoqué à cet effet par autorisation du préfet, a pris, le 16 pluviôse an IX, un arrêté portant une certaine prohibition au sujet de l'exercice de la vaine pâture, et que cet arrêté, conformément à l'avis du sous-préfet, émis le 25 germinal an IX, a été confirmé par arrêté du préfet du 6 prairial an IX ; — Attendu que les sieurs J.-P. Payssan, G. Mainvielle, dit Crac, B. Contraire et P. Dutout, ayant été traduits par le ministère public devant le tribunal de simple police de Bagnères, comme coupables de contravention audit arrêté municipal sur la dépaissance, le tribunal de simple police les a renvoyés de la poursuite par quatre jugements, en date du 28 avril 1835 ; — Attendu que le motif de ces décisions est tiré de ce que ledit arrêté du 16 pluviôse an IX aurait été pris en dehors des attributions du Conseil municipal, et d'ailleurs n'aurait été ni publié ni dénoncé officiellement aux prévenus ; — Attendu que le droit de régle-

menter, en matière de dépaissance, est attribué
formellement aux Conseils municipaux, par la
disposition précitée de la loi du 28 pluviôse
an VIII, et que ce droit ne peut pas être restreint
au partage des fruits appartenant à la commune,
mais doit comprendre, par une similitude de raisons, le droit de réglementer sur la dépaissance à
laquelle les terrains d'une commune peuvent être
soumis envers les habitants, sans distinction de
ceux qui sont propriétaires, ou qui ne sont point
propriétaires ; — Attendu que cette interprétation
de la loi du 28 pluviôse an VIII est conforme aux
termes exprès de la loi précitée des 12-20 août
1790 ; — Attendu qu'aucune loi ne détermine le
mode de publication des arrêtés du Conseil municipal, pris dans les termes des lois précitées ;
que, d'ailleurs, dans l'espèce, l'arrêté dont il
s'agit porte la disposition formelle qu'il sera publié, et qu'il résulte des pièces apportées au greffe
de la Cour, en vertu de son arrêt du 24 juillet
dernier, que ledit arrêté a reçu la publication la
plus certaine... »

195. Le tribunal de police est incompétent
pour statuer sur deux préventions, l'une consistant dans un délit de pâturage entraînant, à raison du nombre de têtes de bétail, une amende
supérieure à celle de simple police, et l'autre,

dans un second fait de pâturage pouvant amener une amende indéterminée et jusqu'à une année d'emprisonnement. Cass., 1ᵉʳ février 1856 ; Ann. des just. de paix, 1856, p. 292.

196. Les propriétaires ou fermiers qui ont droit à la vaine pâture peuvent, comme parties civiles, citer directement devant le tribunal de police les autres propriétaires qui abusent du même droit, pour les faire condamner en des dommages-intérêts, en vertu de l'article 1382 du Code Napoléon. — La contravention à un rè-glement de l'autorité municipale sur l'exercice de vaine pâture se prescrit non par un mois, mais par un an. — Le juge de simple police peut ap-pliquer d'office et sans réquisition du ministère public la peine de la récidive. Justice de paix de Conty, 13 juin 1859; *Ibid.*, 1ʳᵉ série, t. V, p. 286.

197. Le juge de police, devant lequel le pré-venu de contravention à la loi sur la vaine pâture excipe de la propriété ou au moins de la posses-sion paisible du terrain sur lequel il a fait paître ses troupeaux, doit surseoir jusqu'à ce qu'il ait été statué sur cette question préjudicielle; il ne peut acquitter le prévenu sans qu'une preuve contraire aux énonciations du procès-verbal ait été produite, et, en outre, en se fondant sur une action possessoire portée devant lui comme juge

civil. Cass., 13 janv. 1859; *Ibid.*, vol. 1859, p. 216.

Dans l'espèce qui a donné lieu à l'arrêt ci-dessus, le tribunal de police, en ne prononçant pas le sursis ordonné par l'article 182 du Code forestier, en maintenant le prévenu en possession du terrain litigieux et en le relaxant de la poursuite, avait non-seulement commis une violation de cet article et de l'article 154 du Code d'instruction criminelle, puisqu'aucune preuve contraire à celle résultant du procès-verbal n'avait été rapportée, mais méconnu les règles de la compétence en confondant ses attributions comme juge civil et comme juge de police.

Il est de principe, en effet, ainsi que l'attestent la jurisprudence et les auteurs, que, quand une exception fondée sur la propriété ou un autre droit réel est élevée devant le tribunal de simple police, et de nature à être décidée par le juge de paix, ce magistrat ne peut y statuer, même en se constituant juge civil; qu'il doit renvoyer devant lui à l'audience civile pour la solution de l'exception.

197 *bis.* La servitude de passage pour cause d'enclave, qui n'est accordée qu'aux propriétaires pour l'exploitation de leurs fonds, ne peut être réclamée par ceux qui n'ont à accéder aux héri-

tages enclavés que pour y exercer le droit de vaine
pâture. Trib. de police du canton de Juniville
(Ardennes), du 6 avril 1861 ; Bull. des décisions
des juges de paix, t. III, 1861, p. 334.

Mais on doit considérer comme pâture vive et
grasse, et non comme vaine pâture, l'usage adopté
par certains cultivateurs de faire manger en vert
par leurs moutons leurs prairies artificielles ; c'est
là, à la fois, une manière de récolter et un mode
d'exploitation rentrant dans les conditions indi-
quées par l'article 682 du Code Napoléon. *Ibid.*

En conséquence, ne commet aucune contravention punissable l'individu qui, pour exercer ce
mode d'exploitation sur des regains de sainfoin
enclavés, fait passer ses moutons sur les terrains
voisins empouillés ; en un tel cas cet individu n'a
fait qu'user du droit de passage conféré par la loi.
Ibid.

Le jugement duquel ressortent ces décisions
est ainsi conçu :

« En fait, considérant que Dereims-Henriet,
pour faire manger par son troupeau un regain de
sainfoin lui appartenant, enclavé dans des em-
pouilles, a traversé ces dernières avec ses moutons ;
— Considérant que le prévenu a suffisamment
prouvé que la terre empouillée où il se rendait
était réellement enclavée ; — Considérant qu'il y

a lieu d'examiner, en droit, si Dercims a pu, dans cette circonstance, réclamer le passage autorisé en cas d'enclave par l'article 682 du Code Napoléon ;

« Considérant qu'une distinction est à faire d'abord, entre la vaine pâture proprement dite et la pâture grasse ; que celle-ci consiste en fruits commerçables susceptibles d'être récoltés, conservés et vendus, tandis que l'autre s'exerce sur des herbes que le propriétaire abandonne, comme ne lui étant plus d'aucune utilité ;

« Considérant que le droit de vaine pâture exercé par tous les chefs de famille domiciliés, même ceux qui ne sont ni propriétaires ni fermiers, n'a été maintenu qu'à titre provisoire par la loi des 28 septembre-6 octobre 1791 ; que cette servitude, plutôt personnelle que réelle, considérée dès cette époque comme nuisible à l'agriculture, n'existe que par la permission tacite du propriétaire, qui conserve toujours la faculté de se soustraire à l'exercice de ce droit par la clôture de son héritage ; qu'ainsi le Code rural de 1791 est loin d'avoir attribué à ce débris de l'ancienne communion de biens le droit de passage dont s'agit ;

« Considérant que le droit de passage résultant de l'article 682 du Code Napoléon est une servi-

tude réelle, dans les termes de l'article 637 du
même Code, puisque c'est une charge imposée sur
un héritage pour l'usage d'un héritage appartenant à un autre propriétaire ; qu'elle est due seulement au propriétaire dont le fonds est enclavé
lorsqu'il n'a aucune issue sur la voie publique,
pour l'exploitation de sa propriété, parce que
l'intérêt général exige qu'aucune parcelle ne reste
sans culture ; que l'on ne peut même s'affranchir
de ce passage nécessaire à l'exploitation ;

« Considérant qu'une telle servitude diffère
essentiellement de celle de la vaine pâture ; en
effet, l'une est une charge établie uniquement
pour le cas d'enclave, c'est-à-dire pour le cas où
l'autre servitude doit cesser, puisqu'il y a clôture ;
l'une est fondée sur la nécessité de l'exploitation,
tandis que l'autre est considérée comme nuisible
à l'agriculture, et maintenue provisoirement seulement par l'ancienne loi elle-même ; l'une enfin
n'est due qu'au propriétaire dont le fonds est enclavé, tandis que l'autre appartient personnelle-
ment à tous les habitants domiciliés ;

« Qu'ainsi, en résumé, aucune des conditions
qui fondent dans leur ensemble le droit de passage au cas particulier d'enclave n'est applicable
au droit de vaine pâture ; ni la nature de la servitude, ni son origine, ni la spécialité, ni la néces-

11

sité surtout et l'étendue du droit ; qu'il faut donc
conclure que le passage dû aux fonds enclavés
n'est pas dû pour la vaine pâture ;

« Considérant toutefois que dans l'espèce il
s'agit de pâture grasse et vive, qui est une véritable récolte ; que nos cultivateurs intelligents
ont adopté cet usage de faire manger en vert par
leurs moutons leurs prairies artificielles ; que
cette manière de récolter son empouille est nécessaire au propriétaire ; qu'un tel usage est un mode
d'exploitation qui rentre dans les conditions in-
diquées par l'article 682 ; qu'il faut donc décider
que le propriétaire dont l'héritage est enclavé a
pu, dans ce cas, user du droit de passage conféré
par la loi : d'où il suit qu'il n'a commis aucune
contravention. »

Dans les circonstances où ce jugement est intervenu, il est manifeste que le prévenu n'avait
commis aucune contravention. Usant du droit
qu'il puisait dans l'article 682 du Code Napoléon,
il n'a pu faire passer son troupeau sur les terrains qui plaçaient les siens en état d'enclave, et
cela même sans qu'il fût besoin de fixation préa-
lable de l'assiette du passage et du *quantum* de
l'indemnité dont il pouvait être débiteur, questions qui, d'ailleurs, ne peuvent être résolues par
les tribunaux civils. A ce point de vue donc,

nous donnons notre approbation entière au jugement du tribunal de simple police du canton de
Juniville, conforme d'ailleurs à la jurisprudence
de la Cour de cassation.—Voir arrêts des 16 septembre 1853 (ANNALES DES JUST. DE PAIX, 1853,
p. 111), 7 juillet 1854 (ANNALES, 1854, p. 330),
22 janvier 1857 (ANNALES DES JUSTICES DE PAIX,
1857, p. 189), 21 avril 1860 (ANNALES, 1860,
p. 362).

Quant à la distinction que contient ce jugement,
et à la restriction qu'il apporte à la servitude de
passage pour le cas où celui qui prétend l'exercer
et qui d'ailleurs n'est pas le propriétaire, veut,
non exploiter l'héritage enclavé, mais y conduire
ses bestiaux à la vaine pâture, sont-elles bien fon-
dées? L'article 682 porte : « Le *propriétaire* dont
les fonds sont enclavés, et qui n'a aucune issue
sur la voie publique, peut réclamer un passage
sur les fonds de ses voisins, pour l'*exploitation de
son héritage*, à la charge, etc. »

Il est certain que, si l'on s'en tenait judaïque-
ment à ce texte, le passage ne serait dû que pour
un acte d'exploitation ; et nous admettons qu'il
serait difficile, peut-être, de considérer comme
tel le fait de pâturage exercé par autrui en vertu
du droit de vaine pâture autorisé par la loi de
1791. Cependant nous hésitons à nous ranger à

la doctrine sanctionnée par le jugement qui fait l'objet de notre examen.

La vaine pâture n'a été maintenue par le législateur de 1791 que provisoirement, cela est parfaitement vrai ; mais ce maintien provisoire, tant qu'une loi ne sera pas venue l'abolir, n'en constitue pas moins un droit en faveur de ceux entre lesquels le pâturage se répartit. Or, si cette doctrine doit être suivie, il en résultera, dans un grand nombre de cas, que les héritages assujettis par la loi à l'exercice de la servitude, en demeureront par le fait affranchis, si l'on ne peut y accéder de la voie publique qu'en passant sur des fonds qui n'y sont pas soumis ou sur lesquels l'ayant droit n'aura pas la possibilité de se faire livrer passage. La mauvaise foi ou la cupidité s'emparerait facilement de ce moyen de conserver pour soi-même un pâturage qui, dans l'état actuel de la législation, appartient à tous. En effet, supposons un cultivateur exploitant une étendue considérable de terres ne bordant la voie publique que d'un seul côté. Pour s'affranchir du vain pâturage, ce cultivateur ne pourra-t-il pas, de ce côté même, ensemencer une bande de terrain en prairies artificielles, et paralyser, à l'aide de ce moyen, l'exercice d'un droit qu'en définitive la loi consacre et qu'elle garantit? Il lui sera donc loisible de se dispenser d'employer, pour opérer l'affranchissement, le seul moyen que la loi prescrit, c'est-à-dire la clôture conforme aux prescriptions de l'article 6, sect. IV, tit. Ier, de la loi précitée, et ne semble-t-il pas que cela soit repoussé par un arrêt de la Cour de cassation du 21 mars 1841 (ANNALES DES JUSTICES DE PAIX, 1re série, t. V, p. 290, v° *Vaine pâture*, n° 33), qui décide que la disposition de l'article 5 de la loi de 1791 (mêmes titre et section), d'après laquelle les héritages clos de la manière déterminée par l'article 6 sont affranchis de la vaine pâture et du parcours, est absolue en ce sens que toute clôture autre que celle prescrite n'aurait pas l'effet d'opérer l'affranchissement ; qu'ainsi ne saurait être considéré comme clôture, dans le sens légal, le cordon d'herbe non coupé qu'un propriétaire aurait laissé autour de son pré, après en avoir fauché l'intérieur ?

M. le juge de paix du canton de Juniville donne en faveur de l'opinion qu'il consacre des motifs qui ne sont pas dépourvus de solidité. D'un autre côté, cette interprétation restrictive de l'article 682 nous semble laisser une grande place à l'arbitraire : il serait désirable que la Cour de cassation fût appelée à résoudre la question.

197 *ter*. La vaine pâture, dans les localités où

elle est en usage, ne peut être exercée sur un terrain couvert d'une production quelconque, encore que cette production soit le résultat non d'un ensemencement, mais d'une excroissance naturelle; et il en est ainsi spécialement au cas où le terrain était couvert d'une récolte d'avoine crue naturellement par suite de l'ensemencement spontané qui s'est produit après la récolte de l'année précédente. Trib. de police du canton de Claye (Seine-et-Marne), du 7 avril 1860 ; BULL. DES DÉCISIONS DES JUG. DE PAIX, t. V, 1863, p. 68.

Dès lors, celui qui, bien qu'ayant droit à la vaine pâture, conduit ses bestiaux au pacage sur ledit terrain appartenant à autrui, encourt l'amende édictée par l'article 479, n° 10, du Code pénal. *Ibid*.

D'après l'article 9 de la section IV du titre Ier de la loi des 28 septembre-6 octobre 1791, « dans aucun cas et dans aucun temps, le droit de parcours ni celui de vaine pâture ne peuvent s'exercer sur les prairies artificielles, et ne peuvent avoir lieu *sur aucune terre ensemencée ou couverte de quelque production que ce soit qu'après la récolte.* »

Cette disposition est générale et absolue; elle ne distingue pas et ne pouvait, en effet, distinguer. Qu'importe donc qu'une production, en céréales notamment, ait été le résultat d'un ensemence-

ment naturel, conséquence d'une maturation trop
avancée des grains, ou d'un séjour trop prolongé
des gerbes sur le terrain, lors de la dernière récolte! Le champ n'en demeure pas moins soustrait au vain pâturage, tant que cette production
n'a point été coupée et enlevée.

Nous approuvons donc complétement la décision ci-dessus du tribunal de simple police du
canton de Claye, qui a eu raison aussi d'appliquer
au contrevenant l'article 479, n° 10, du Code
pénal, car l'infraction qu'il avait commise con-
sistait bien réellement dans le fait d'avoir *mené
ses bestiaux sur le terrain d'autrui.*

CHAPITRE VIII.

Du parcours et de la vaine pâture en Corse.

198. Les règles que nous avons exposées ont cessé, pour la majeure partie du moins, d'être applicables au département de la Corse, où les deux servitudes de parcours et de vaine pâture ont été abolies par la loi du 22 juin 1854, avec cette exception, toutefois, que le délai pour cessation du droit de vaine pâture peut être prorogé, par arrêté du préfet, pour une ou plusieurs communes de ce département. ANN. DES JUST. DE PAIX, vol. 1859, p. 261.

199. Ce que dans les départements continentaux on appelle *parcours* n'était en Corse que l'irruption des troupeaux et des bestiaux de qui que ce soit sur toutes les communes voisines, sans distinction de limites; c'était l'invasion, le passage qui s'opérait deux fois par an, à travers les territoires de toutes les communes, lors des migrations des troupeaux de la montagne à la plaine et de la plaine à la montagne, suivant les saisons. *Ibid.*

200. Ce que l'on appelle *vaine pâture* sur le continent, c'était, en Corse, la prétention, mise en pratique par tout individu à qui il plaisait d'avoir un troupeau, sans être propriétaire de la moindre parcelle de terrain, d'envoyer ce troupeau sur les terres de tous les cultivateurs, sans aucune précaution prise, même pour ménager les arbres. *Ibid.*

201. Sous ces noms empruntés de *parcours* et de *vaine pâture*, des abus intolérables étaient commis sur le bien d'autrui, soumis, sans règle et sans répression possible, à la disposition des troupeaux de toute espèce, plutôt qu'à la jouissance paisible du véritable propriétaire. *Ibid.*

Déjà, au mois de juillet de l'année 1771, un édit royal avait essayé de mettre un terme à tous ces désordres en abolissant la prétendue servitude de parcours et en réglementant l'exercice de la vaine pâture; mais l'insoumission des populations, une possession incertaine et toujours contestée ne permirent pas d'en appliquer les sages dispositions. Après la révolution de 1789, époque à laquelle la Corse fut déclarée faire partie intégrante de la France continentale, la loi du 28 septembre 1791, sur la police rurale, n'y fut jamais appliquée, non plus que l'édit de 1771, qui tomba en désuétude et dans le plus complet oubli; l'empire des habitudes resta, comme précédemment, sans frein ni mesure, et le droit des propriétaires fut plus que jamais méconnu par les détenteurs de troupeaux. *Ibid*.

202. C'est cet état de choses, c'est ce mode de pâturage, qui n'était, en réalité, qu'une dévastation permanente, nuisible à tous les genres de culture et à toutes les productions, que la loi du 22 juin 1854 a eu pour but de faire cesser. *Ibid*.

Avant d'examiner cette loi, il nous paraît utile d'en reproduire ici les principales dispositions :

« ART. 1er. La servitude de parcours, mainte-« nue provisoirement par l'article 2 de la sec-« tion iv du titre Ier de la loi des 28 septembre-« 6 octobre 1791, est abolie dans le département « de la Corse.

« ART. 2. Le droit de vaine pâture, maintenu « par l'article 3 de la section iv du titre Ier de « la loi des 28 septembre-6 octobre 1791, cessera « de plein droit, dans le département de la Corse, « un an après la promulgation de la présente « loi.

« ART. 3. Le délai fixé par l'article précédent « peut être prorogé, pour une ou plusieurs com-« munes du département, par arrêté du préfet, « rendu en Conseil de préfecture, soit d'office, « soit sur la demande des Conseils municipaux.

« Cette prorogation de délai ne peut être pro-
« noncée que pour une durée de trois ans ; mais
« elle ne peut être renouvelée par un arrêté rendu
« dans les mêmes formes.

« Indépendamment des restrictions apportées
« par la loi des 28 septembre-6 octobre 1791 à
« l'exercice de la vaine pâture, l'arrêté de proro-
« gation peut imposer telle autre réserve ou res-
« triction qui serait exigée par l'intérêt public.

« Art. 4. Les dispositions de la section iv du
« titre Ier de la loi précitée continuent à régler
« l'exercice de la vaine pâture jusqu'à l'expira-
« tion des délais énoncés aux articles 2 et 3 de la
« présente loi.

« Art. 5. Toute contravention aux prescrip-
« tions de la présente loi est punie des peines
« portées en l'article 479 du Code pénal, et en
« cas de récidive, de celles portées en l'article 482
« du même Code. — Il y a récidive, lorsqu'il a
« été rendu contre le contrevenant, dans les
« douze mois qui précèdent, un premier juge-
« ment pour contravention à la présente loi. »

203. Ainsi, comme on le voit, la loi du 22 juin,
en ce qui concerne le département de la Corse,
abolit définitivement et sans réserve la servitude
de parcours, c'est-à-dire le pâturage réciproque
de commune à commune, et elle fait cesser, dans

toutes les communes où il n'a point été l'objet
d'une prorogation administrative, le droit simple
de vaine pâture, c'est-à-dire le pâturage, sur les
terrains assujettis, des bestiaux appartenant à la
localité; elle autorise le préfet à ajouter, par ses
arrêtés, aux restrictions que la loi de 1791 a elle-
même apportées à l'exercice du droit; enfin, assi-
milant avec raison les contraventions aux prescriptions qu'elle établit au fait de conduite de
bestiaux sur le terrain d'autrui, que prévoit le
numéro 10 de l'article 479 du Code pénal, elle les
déclare punissables de l'amende édictée par cet
article. *Ibid.*

204. Les contraventions dont il s'agit sont celles
qui résultent :

1° Du fait par un ou plusieurs habitants d'une
commune d'avoir introduit leurs bestiaux au pâturage sur un terrain dépendant d'une autre
commune, appartenant à autrui et sur lequel ils
n'ont aucun droit;

2° Du fait par un ou plusieurs individus d'avoir
fait pacager leurs bestiaux sur un terrain dépendant du territoire de la commune où ils sont domiciliés ou ont une exploitation, et sur lequel ils
n'ont aucun droit, lorsque le délai pour la cessation de la vaine pâture dans cette commune n'a
point été prorogé par arrêté préfectoral, en vertu

de l'article 3 de la loi du 22 juin 1854. *Ibid.*

Il importe de remarquer, toutefois, que l'abolition du droit de vaine pâture, qui devient définitive dans ce cas, ne fait point obstacle à ce que les habitants d'une commune laissent paître leur bétail sur des propriétés communales, alors d'ailleurs qu'ils y sont autorisés par une délibération du Conseil municipal, régulièrement approuvée, qui les oblige au payement d'une redevance annuelle et déterminée selon le nombre et l'espèce des bestiaux. Un tel fait de pacage n'est que l'exercice d'un droit et n'a rien de commun avec la vaine pâture, telle qu'elle est définie et prohibée par la loi du 22 juin 1854. Cass., 5 janvier 1856, ANNALES DES JUST. DE PAIX, vol. 1856, p. 249.

3° Du fait par les habitants d'une commune à l'égard de laquelle l'exercice du droit de vaine pâture a été prorogé par un arrêté de l'autorité compétente, d'exercer le vain pâturage sans observer les restrictions ou les réserves résultant soit de la loi des 28 septembre-6 octobre 1791, soit des arrêtés préfectoraux de prorogation.

En effet, conduire ou faire conduire son troupeau au pacage, nonobstant l'abolition de la servitude de parcours, ou malgré la cessation du droit de vaine pâture, ou encore sur des propriétés qui, à raison, soit de la nature de leurs productions, par exemple, des prairies artificielles, soit du non-enlèvement des récoltes dont elles sont chargées, soit de leur état de clôture, en sont affranchies par la loi de 1791, c'est mener ses bestiaux sur le terrain d'autrui, et par conséquent commettre la contravention que prévoit le numéro 10 de l'article 479 du Code pénal. On conçoit donc parfaitement que la loi nouvelle ait étendu les pénalités édictées par un article aux divers cas que nous venons d'indiquer ; car, même en l'absence de toute disposition pénale, dans cette loi même, les infractions dont il s'agit eussent incontestablement trouvé leur répression dans ledit article 479, par application du numéro 10.

205. Mais en est-il de même des infractions aux règlements ou arrêtés qui règlent l'exercice de la vaine pâture, soit en vertu de la loi de 1791, dont les dispositions sont maintenues par l'article 4 de celle du 22 juin 1854, soit en vertu du dernier paragraphe de l'article 3?

Dans les départements continentaux, l'inobservation des règlements administratifs relatifs à la vaine pâture et au parcours entraîne une simple amende de 1 franc à 5 francs, par application de la disposition générale du numéro 15 de l'article 471 du Code pénal.

En Corse, l'individu qui, dans l'exercice du droit de vaine pâture prorogé par l'administration, ne se conforme point aux prescriptions réglementaires, est-il passible, aux termes de la loi nouvelle, de l'amende de 11 francs à 15 francs, aussi bien que s'il eût envoyé ses bestiaux au pacage dans une localité où ce droit a cessé d'exister conformément à l'article 2, ou sur des héritages qui en sont affranchis?

206. Nous croyons qu'il faut distinguer entre les prescriptions dont il s'agit : — S'il a contrevenu aux règlements ou arrêtés municipaux intervenus en exécution de la loi de 1791, par exemple, s'il a conduit au pâturage un nombre de bestiaux supérieur à la quantité qui, proportionnellement à l'étendue de son exploitation, lui est assignée par le Conseil municipal, en conformité de l'article 13, sect. IV, tit. Ier, de cette loi ; s'il a exercé son droit à la vaine pâture avant l'époque régulièrement fixée et déterminée par un règlement ; s'il n'a point obéi à l'arrêté d'un maire prescrivant certaines mesures de police légalement édictées, il a commis, non une contravention aux prescriptions de la loi elle-même, mais une simple infraction qui, ce nous semble, rend son auteur passible seulement de l'amende prononcée par l'article 471, n° 15, du Code pénal, dans la

disposition duquel trouvent leur sanction les règlements ou arrêtés légalement faits. — Mais, s'il
s'agit de l'inobservation des mesures restrictives
de l'exercice de la vaine pâture prises par le préfet,
en vertu du dernier paragraphe de l'article 3 de
la loi du 22 juin 1854, et contenues en l'arrêté de
prorogation dans un intérêt public, il nous paraît
hors de doute que l'amende encourue est celle de
11 francs à 15 francs édictée par l'article 479, car
alors il a été contrevenu non-seulement à l'arrêté
préfectoral, mais encore aux dispositions de la loi
elle-même, qui n'autorise l'exercice de la vaine
pâture en Corse que sous l'accomplissement des
conditions auxquelles elle a délégué à l'administration le pouvoir de l'assujettir.

207. L'article 5 de la loi du 22 juin 1854 dispose, qu'en cas de récidive la peine applicable est
celle portée en l'article 482 du Code pénal. Cette
peine consiste en un emprisonnement pendant
cinq jours, lequel, d'après le texte formel dudit
article, doit *toujours* être prononcé.

L'état de récidive est défini par la seconde disposition de l'article 5. La récidive existe lorsqu'il
a été rendu contre le contrevenant, dans les douze
mois qui précèdent l'infraction nouvelle, un premier jugement pour contravention à la loi du
22 juin 1854.

Il ne suffirait donc pas, pour que l'aggravation de peine fût encourue et dût être prononcée, que la première infraction appartînt à l'une des trois catégories de faits punissables mentionnés au quatrième livre du Code pénal, il serait même indifférent qu'elle rentrât dans la classe de ceux que réprime l'article 479; la loi exige, non, sans doute, que les deux contraventions soient identiques, mais qu'elles soient de même nature, c'est-à-dire que l'une et l'autre trouvent leur répression dans l'article 5 de ladite loi.

208. C'est là, croyons-nous, une disposition regrettable, en ce sens que l'assimilation que le législateur, avec raison, nous l'avons dit, a voulu établir entre les contraventions à la loi du 22 juin et celle que prévoit le numéro 10 de l'article 479 du Code pénal n'est pas complète. En outre, cette définition de la récidive, différente de celle contenue en l'article 483 de ce Code, doit avoir des conséquences singulières.

Ainsi, l'individu qui, sur le continent, après avoir été condamné pour une contravention quelconque prévue au Code pénal, se rend coupable, dans le temps requis, d'un fait de pacage sur un terrain appartenant à autrui et non grevé du droit de vaine pâture, est en état légal de récidive, et l'on vient de voir qu'en Corse ces conditions seront

12

insuffisantes pour motiver l'aggravation de peines édictées par l'article 482.

Ainsi encore, l'individu qui, en Corse, et dans les douze mois qui ont suivi une première condamnation pour contravention mentionnée au Code pénal, quelle qu'elle soit, commet, en matière de vain pâturage, une infraction aux règlements ou arrêtés municipaux qui le rend passible de l'amende portée en l'article 471, n° 15, du Code pénal, sera récidiviste et encourra l'aggravation de peines prononcées par l'article 474, tandis qu'il en sera autrement si cette seconde infraction appartient à la catégorie de celles que réprime l'article 5 de la loi du 22 juin 1854.

FIN.

TABLE ALPHABÉTIQUE

DES MATIÈRES CONTENUES DANS CE VOLUME.

A.

B.

C.

stitue une contravention à l'article 479, § 10 du Code pénal, 152.

CHÈVRES. — Peut-on mener des chèvres à la vaine pâture ? 111.

CLOTURE. Droit du propriétaire de clore et déclore son héritage, 14, 15, 17, 18, 19, 20, 56. — La vaine pâture et le parcours ne peuvent être exercés sur les héritages en état de clôture, 57. — Dans quelles conditions doit être faite la clôture pour produire cet effet légal, 58, 61 et s. — Défaut d'entretien ou mauvais état de la clôture et conséquences de ce mauvais état, 60 et 61.

CODE RURAL. Texte des articles de ce Code relatifs à la vaine pâture, 13 et s.

COMMUNAUTÉ (DROIT DE), 10 et 11, 35.

COMMUNAUX, *biens communaux*, 21, 28, 40.

COMMUNES. Convention entre deux communes. — Concession réciproque de vaine pâture. — Réduction de ce droit. — Renonciation. 67 et s.

CONSEILS MUNICIPAUX. Pouvoirs spéciaux du maire. — Pouvoirs spéciaux du Conseil municipal. — Réglementation du droit de parcours et de vaine pâture, 20, 111, 117 et s. — Recours contre les délibérations des Conseils municipaux, 121 et s. — Approbation préfectorale, 133 ; — elle est nécessaire pour qu'il y ait infraction dans le fait de non-observation de l'arrêté, *Ibid.* — Refus d'approbation du préfet et conséquences de ce refus, 134.

CONTRAVENTION, 20, 48, 50, 52, 142 et s. — V. *Parcours, Vaine pâture.*

CORSE. Abolition de la servitude de parcours et du droit de vaine pâture dans le département de la Corse, 21, 176 et s. — Texte de la loi du 22 juin 1854, 178. — Exceptions à l'abolition. — Faculté de proroger. — Contraventions aux arrêtés spéciaux, 179 et s.

D.

DÉLIT. Pacage illicite, 142 et s. — Le fait de garde à vue d'un troupeau dans des récoltes appartenant à autrui constitue un délit, 159. — V. *Parcours et vaine pâture.*

FIN DE LA TABLE DES MATIÈRES.

Paris. — Typographie HENNUYER et FILS, rue du Boulevard, 7.

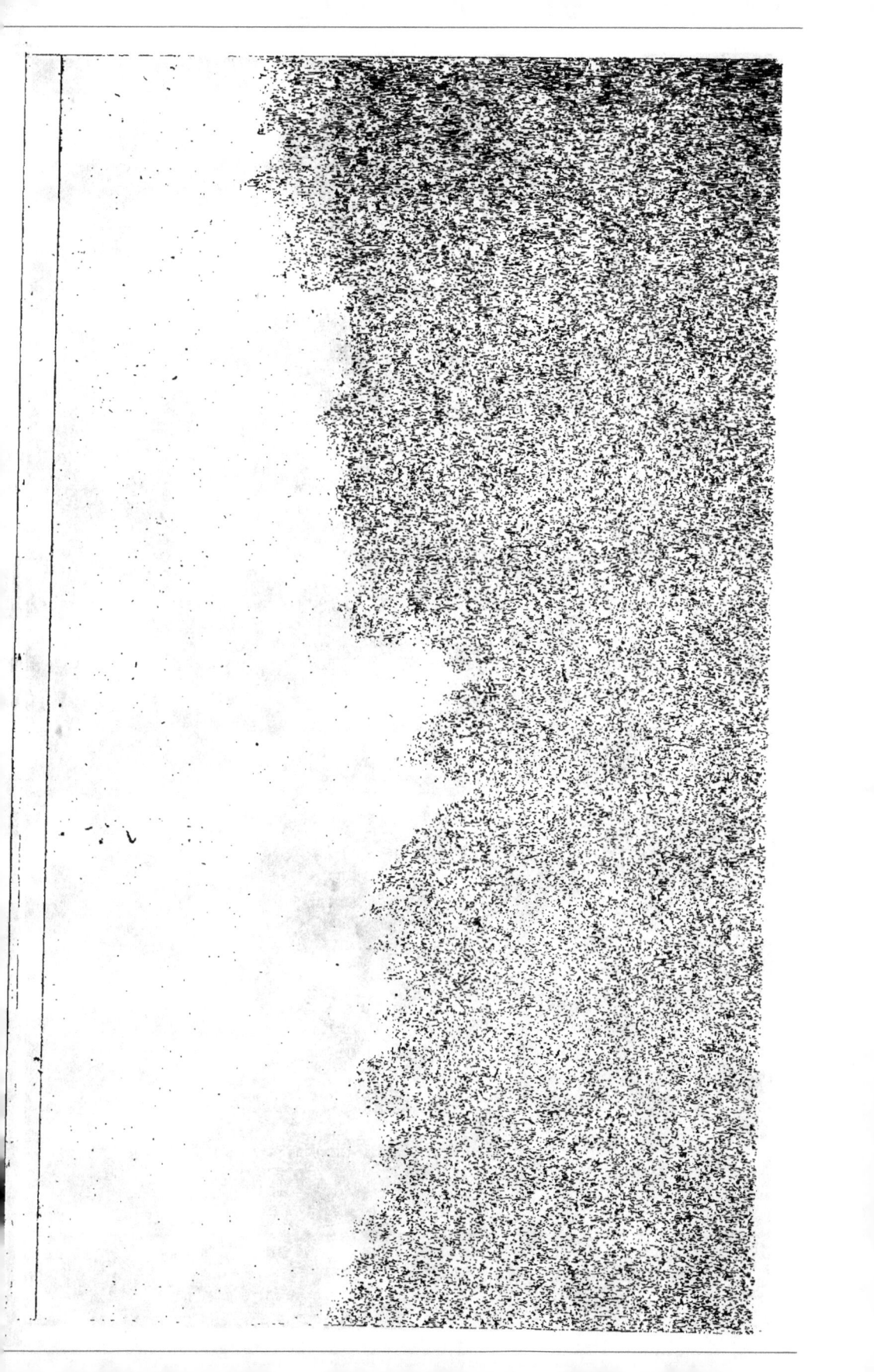

www.ingramcontent.com/pod-product-compliance
Lightning Source LLC
Chambersburg PA
CBHW070526200326
41519CB00013B/2953